Hwylio 'Mlaen

SGYRSIAU DROS BANED

Elwyn Hughes

Golygydd: Glenys M. Roberts

CYNNWYS

RHAGAIR

A. Be' ydy'r llyfr 'ma rwyt ti wedi'i ysgrifennu, 'te?

B. Rhyw fath o hunangofiant ydy o, yn dweud hanes fy mywyd i.

A. Hunangofiant? Ond Elwyn bach, rwyt ti'n llawer rhy ifanc i ysgrifennu hunangofiant.

B. Wel, ydw. . .

A. Dwyt ti ddim wedi gwneud dim byd diddorol efo dy fywyd beth bynnag.

B. Wel, naddo. . .

A. Am be' rwyt ti'n sôn yn yr hunangofiant bondigrybwyll yma beth bynnag?

B. Hei, llyfr i'r teulu ydy hwn! Does 'na ddim sôn am *bondage* ynddo fo!

A. 'Bondigrybwyll' ddwedais i'r twpsyn! *So-called.* Wel 'te, am be' rwyt ti'n sôn?

B. Llawer o bethau gwahanol. Bwyta brecwast, smwddio, golchi'r car, gwisgo sbectol, *The Sound of Music, peanut butter*, Mrs Thatcher, pys slwts. . .

A. zzzzzzzzzzzzzzzzzzzzzzzz

B. Hei, deffra!

A. O, mae'n ddrwg gen i. Wel, Elwyn bach, mae'n swnio'n llyfr diddorol iawn, iawn. Dw i'n siŵr 'fydd y dysgwyr ddim yn medru ei roi o i lawr.

B. Ond dyna'r pwynt! Dw i *eisiau* i'r dysgwyr roi'r llyfr i lawr.

A. Be' rwyt ti'n feddwl?

B. Dw i eisiau iddyn nhw ddarllen unrhyw stori (does dim ots efo pa un maen nhw'n dechrau), dysgu'r eirfa ac wedyn *siarad* am y pwnc efo'u ffrindiau. Llyfr sgwrsio ydy hwn, nid llyfr darllen.

A. Gobeithio bod y dysgwyr wedi cael bywyd mwy cyffrous nag wyt ti wedi'i gael, beth bynnag!

B. Dw i'n siŵr bod nhw. A dweud y gwir, mi fasai'n braf cael casgliad o storïau fel hyn gan ddysgwyr ryw ddiwrnod. Mi fasai'n gwneud llyfr diddorol iawn.

A. Rwyt ti wedi ysgrifennu dy storïau mewn Cymraeg go-iawn, gobeithio. Cymraeg y Beibl, Cymraeg Saunders Lewis. . .

B. Wel, naddo. Rhyw fath o fersiwn ogleddol o Gymraeg Byw ydy'r iaith. . .

A. Fersiwn ogleddol?! Ond Elwyn bach, fydd tri-chwarter y dysgwyr ddim yn deall yr un gair.

B. Wrth gwrs byddan nhw'n deall. Does 'na ddim cymaint â hynny o wahaniaeth rhwng De a Gogledd. . . Beth bynnag, fasai Mam ddim yn hapus o *gwbl* taswn i wedi ysgrifennu'r storïau yn iaith y De.

A. Pam rwyt ti'n dweud hynny?

B. A wel, mi fydd rhaid i ti ddarllen y llyfr i gael gwybod hynny. . .

I BOBL Y DE – HELP I'R HWNTWS

Achos mai Gog sy wedi ysgrifennu'r darnau yma, dyma dipyn bach o help i'r Hwntws fydd yn eu darllen nhw:

mi
(e.e. mi welais i)

fe
(e.e. fe welais i)

o/fo
(e.e. mae o/iddo fo)

e/fe
(e.e. mae e/iddo fe)

allan

mas

blin

crac, dig
(cross, angry)

buarth

clos (farmyard)

budr

brwnt (dirty)

cenllysg

cesair (hail)

deffro

dihuno

disgyn

cwympo
(to fall, to drop)

dos

cer

efo

gyda

gwirion

twp, hurt

gwirioni ar

dwlu ar (to be besotted with)

hogan

geneth, merch, croten

hogyn

bachgen, mab, crwt

pry copyn

corryn (spider)

rŵan

nawr

rhew

iâ

syrthio

cwympo (to fall)

wnaethoch chi ddeall?

ddealloch chi?

PROBLEMAU IAITH

G E I R F A

rhugl	fluent
hyd yn oed	even
cynnal sgwrs	to hold a conversation
Eidaleg	Italian
ymdrech	effort
cyfeillgarwch	friendship
ystumiau	gestures
y diwrnod o'r blaen	the other day
holi	to ask, to enquire
erbyn hyn	by now
clasur	classic
cyfaddef	to admit, to confess
acen	accent
Hwntw	South Walian
llithro	to slip
pybyr	staunch, committed
amheus	suspicious
dyweddïo	to get engaged
tawelwch	silence
wnaethoch chi ddeall?	did you understand?
sgwrsio	chat

Mae'n hawdd iawn dysgu Cymraeg! Dim ond dwy oed oeddwn i pan ddechreuais i siarad yn rhugl. Mi dreuliais i saith mlynedd yn ceisio dysgu Ffrangeg ond hyd yn oed ar ôl gwneud Lefel A doeddwn i ddim yn medru cynnal sgwrs efo neb ond efo'r ci. Dw i'n ceisio dysgu Saesneg ers dros bum mlynedd ar hugain ond dw i ddim yn rhugl eto. (Dw i'n astudio Eidaleg hefyd ers blwyddyn ond dw i ddim yn *Rigoletto* chwaith!) Trueni bod pob iaith ddim mor hawdd â'r Gymraeg.

Ond rhaid dweud bod 'na bleser mawr yn dod o ddysgu unrhyw iaith. Mae pobl mor falch os gwnewch chi ymdrech i ddefnyddio eu hiaith nhw ac mae llawer o hwyl a chyfeillgarwch yn codi o geisio deall eich gilydd trwy ddefnyddio ystumiau a iaith Darzanaidd. *'Moi manger* (rhwbio bol), *s'il vous plaît?'* ac ati!

Mae 'na broblemau'n codi hefyd. Dw i'n cofio cael cinio efo teulu yn Ffrainc a fy ngwraig (wel, fy nghariad oedd hi ar y pryd) yn dweud ar ôl gorffen *'Je suis pleine'*, sef 'dw i'n llawn'. Mi gafodd y teulu sioc. Roedd fy nghariad newydd ddweud ei bod hi'n disgwyl babi!

Mae 'na broblemau'n codi efo'r Saesneg hefyd. *'It's just* dan y bont', meddwn i y diwrnod o'r blaen pan stopiodd rhywun fi i holi'r ffordd. *'Can I pay my* bil ffôn?' dw i wedi'i ddweud yn aml yn Swyddfa'r Post. (Diolch byth bod 'na gownter Cymraeg mewn rhai swyddfeydd post erbyn hyn.) Ac mae 'na glasur o stori am y gair 'crap', sy'n golygu *'smattering'* yn Gymraeg. Roedd rhieni di-Gymraeg wedi mynd â'u merch i ysgol feithrin Gymraeg, a gofynnon nhw a ddylen nhw ddysgu Cymraeg hefyd i helpu eu merch. *'It's better if you have a crap,'* atebodd yr athrawes!

Rhaid cyfadde' bod 'na rai problemau bach efo'r iaith Gymraeg hefyd. Cymerwch yr ateb i'r cwestiwn 'Ydych chi eisiau coffi?' 'Ydw' yn y De, 'Oes' yn y Gogledd! Gog ydw i, ond mi fues i'n byw yn y De am rai blynyddoedd. Mi geisiais i gadw fy acen ogleddol yn bur ond roedd rhai geiriau 'Hwntw' fel 'nawr' a 'mas' yn llithro allan weithiau. Roedd rhaid i mi fod yn arbennig o ofalus wrth siarad efo Mam, sy'n Ogleddwraig bybyr ac yn amheus o bawb sy'n byw i'r De o Fachynlleth. Ond mi wnes i gamgymeriad unwaith. Roeddwn i wedi ffonio Mam i ddweud fy mod i wedi dyweddïo a doeddwn i ddim yn siŵr sut roedd hi'n mynd i gymryd y newyddion.

'Mam, mae gen i dipyn o newyddion i chi,' meddwn i.

'O ia?'

'Dw i. . .ym. . .dw i'n mynd. . .ym. . .i briodi.'

'Priodi? Ti?'

'Ia.'

'Wyt ti eisiau priodi?'

'Ydw.'

(Tawelwch hir). . .'Wyt ti eisiau priodi?'

'Ydw.'

(Tawelwch hir). . .'Wyt ti eisiau priodi?'

'O, oes!'

'Da iawn, dw i'n falch iawn.'

Doedd Mam ddim yn poeni bod ei hunig blentyn yn priodi. Poeni roedd hi bod ei hunig blentyn yn dechrau troi'n Hwntw!

- Pa ieithoedd mae'r awdur yn medru eu siarad?
- Pa fath o brofiadau mae'r awdur wedi'u cael wrth siarad ieithoedd estron?
- Ydy'r awdur yn siarad Cymraeg y De neu Gymraeg y Gogledd?
- Ydy'r gwahaniaeth rhwng De a Gogledd wedi achosi trafferth iddo fo?

SGWRSIO

- Pa ieithoedd eraill dych chi wedi'u dysgu? Ydy'r Gymraeg yn haws neu yn fwy anodd?
- Pa fath o brofiadau dych chi wedi'u cael wrth geisio defnyddio'r Gymraeg a/neu ieithoedd eraill?
- Sut acen sy gynnoch chi yn Saesneg? Ydy eich acen wedi newid dros y blynyddoedd?

GWAITH TŶ

Pan mae fy ngwraig yn clywed y geiriau 'gwaith tŷ', mae hi'n mynd yn wyn fel y galchen. Yna mi fydd hi'n troi'n biws ac yn wyrdd cyn mynd yn wyn eto a llewygu. Rhaid iddi hi gael gwydraid o frandi i'w deffro. Ar ôl deffro, mi fydd hi'n dechrau sgrechian. Rhaid iddi hi gael potelaid gyfan o frandi wedyn i setlo ei nerfau. Yna mi fydd hi'n syrthio i'w chadair gan slyrian canu 'Mae gen i dipyn o dŷ bach twt. . .' Na, dydy fy ngwraig ddim yn rhy hoff o waith tŷ.

Yn lwcus iddi hi, mae ganddi hi ŵr sy'n credu y dylai gŵr a gwraig rannu gwaith tŷ. Wedi'r cyfan, mae'r gŵr eisiau bwyta a chael tŷ glân a dillad twt, felly pam dylai'r wraig wneud y siopa a'r coginio a'r glanhau a'r golchi a'r smwddio i gyd ei hun? Partneriaid ydy gŵr a gwraig wedi'r cyfan, nid meistr a morwyn. Felly yn ein tŷ ni, dyn ni'n rhannu'r gwaith i gyd. Fel arfer, fi sy'n siopa a golchi'r llestri a glanhau a golchi dillad a smwddio, tra mae fy ngwraig yn aros yn y gegin i goginio bwydydd ecsotig fel saws brandi, menyn brandi, *coq au vin*, cig moch mewn seidr, treiffl sieri. . .

Dw i ddim yn treulio llawer o amser yn y gegin felly, er y bydda i'n gwneud ychydig o goginio o dro i dro. Dim byd ecsotig cofiwch, dim byd efo grefi ('Faint o refi dych chi eisiau? Un lwmp neu ddau?'), a phopeth efo tatws trwy'u crwyn. Am ryw reswm, mae'n gas gen i grafu a philio tatws yn fwy nag unrhyw jobyn arall yn y byd. Mae crwyn tatws yn llawn fitaminau, beth bynnag!

Dydy glanhau ddim yn cymryd llawer o fy amser chwaith. Wedi'r cyfan, dim ond unwaith bob rhyw ddau fis mae Mam yn galw yn ein tŷ ni!

Dw i ddim yn treulio llawer o amser yn golchi chwaith, a dweud y gwir. Peidiwch â dweud hyn wrth fy annwyl wraig, ond ar ôl i mi dreulio blynyddoedd lawer mewn *launderettes* diflas, mi briodais i hi am ei pheiriant golchi awtomatig yn hytrach na'i chorff a'i phersonoliaeth.

Ond pam nad oes neb wedi dyfeisio haearn smwddio awtomatig eto? Dw i ddim yn gweld y pwynt o roi pobl ar y lleuad os bydd rhaid iddyn nhw smwddio eu dillad ar ôl cyrraedd! A dweud y gwir dyn ni ddim yn smwddio'n aml yn ein tŷ ni, ond pan mae'r mynydd o waith smwddio'n ein cyfarfod ni wrth y drws ffrynt, dyn ni'n gwybod bod amser y farathon ddiflas wedi dod. Trefn y 'smwddothon' ydy bod fy ngwraig yn smwddio ei dillad *hi*, fy mod *i*'n smwddio fy nillad *i*, a'n bod ni'n rhannu dillad y plant. Yn anffodus, mae hynny'n golygu fy mod i'n treulio rhyw dair awr yn fwy na fy ngwraig wrth y bwrdd smwddio. Rhaid i mi stopio gwisgo dillad cymhleth fel crysau a throwsusau!

Mae bwyd yn llawer mwy o obsesiwn na golchi a glanhau yn ein tŷ ni, felly rhwng y gwaith coginio a magu'r anifeiliaid gwyllt sy gynnon ni fel plant, mae fy ngwraig yn gweithio'n llawer caletach na fi yn y pen draw. Dydy hi ddim ond yn deg felly fy mod i'n trio helpu o gwmpas y tŷ a dw i'n cael yr argraff bod mwy a mwy o ddynion heddiw'n gwneud eu siâr o'r gwaith tŷ. Eto i gyd, dw i'n nabod digon o ddynion sy wedi mynd yn syth o ofal tyner

eu mam i ofal tyner eu gwraig heb erioed godi bys i bilio taten na golchi llawr. Mi fydd y dynion lwcus hynny'n treulio heno'n darllen y papur o flaen y tân. Ond yn ein tŷ ni, mae heno'n noson 'smwddothon'. Dw i'n teimlo fy hun yn mynd yn wyn fel y galchen. . .Dw i'n mynd i lewygu. . .Help! Pasiwch y botel frandi 'na i mi! Rŵan!

WNAETHOCH CHI DDEALL?

- Ydy gwraig yr awdur yn mwynhau gwneud gwaith tŷ?
- Sut mae hi a'i gŵr yn rhannu'r gwaith?
- Pa waith tŷ mae'r awdur yn ei gasáu fwya?

SGWRSIO

- Pwy sy'n gwneud y gwaith tŷ yn eich tŷ chi?
- Lle dych chi'n siopa am fwyd? Pa mor aml dych chi'n siopa?
- Pa mor aml dych chi'n golchi/glanhau/smwddio?
- Ddylai dynion wneud gwaith tŷ? Ydy dynion heddiw'n gwneud mwy o waith tŷ nag oedden nhw?

CYFARFOD AG ENWOGION

Mae'n hawdd cyfarfod ag enwogion Cymraeg. Mewn lle fel Maes yr Eisteddfod, mi ddewch chi ar draws actorion, cantorion a gwleidyddion ym mhob man, yn gwisgo eu si-bŵts yn y maes parcio, yn sefyll yn y ciw am ysgytlaeth (does 'na ddim pabell gwrw ar y maes, cofiwch) neu ar eu ffordd i'r *portaloos*. Felly os dweda i fy mod i wedi cyfarfod â John Ogwen, Caryl Parry Jones neu Gwynfor Evans, wneith hynny ddim llawer o argraff ar neb. Mae pawb arall wedi'u cyfarfod nhw yn barod.

Mae'n llawer mwy anodd cyfarfod â sêr y byd Saesneg. Mae'r Wasg Saesneg yn medru gwneud pethau'n anodd i enwogion, felly mae rhaid iddyn nhw fod yn ofalus beth maen nhw'n ei wneud efo'u bywyd personol. Welwch chi ddim llawer o sêr y byd Saesneg yn yfed ysgytlaeth mewn si-bŵts y tu allan i bortalŵ.

Beth ydy *'name-dropping'* yn Gymraeg tybed? (Mae'r geiriadur yn awgrymu 'baw adar' am *'dropping'*, ond mae'r geiriadur yn beryglus weithiau!) Beth bynnag, os ydw i eisiau synnu fy ffrindiau, dw i'n gwybod y gwneith enwau sêr o'r byd Saesneg fel Tom Baker, Diana Ross a hyd yn oed Nicholas Edwards dipyn mwy o argraff na'r hen John, Caryl a Gwynfor. Felly darllenwch ymlaen. . .

Do, dw i wedi cyfarfod â Nicholas Edwards, cyn-aelod seneddol Penfro. Mi fues i yn yr un tacsi â fo, yn teithio o Orsaf New Street Birmingham i Edgbaston. Tua 1975 oedd hi, felly doedd o ddim wedi cael swydd fel Ysgrifennydd Gwladol Cymru eto. Sut des i rannu tacsi efo Nicholas Edwards? Wel, dw i ddim am ddweud wrthoch chi! Ond dw i am ddweud un peth. Mi wnaethon ni rannu'r tacsi ond wnaethon ni ddim rhannu'r gost! *Fi* dalodd am y tacsi!

Do, dw i wedi cyfarfod â Tom Baker, y cyn-Ddoctor Who hefyd. Roeddwn i wedi bod o gwmpas Broadcasting House efo ffrind oedd yn gweithio yno a phan oeddwn i'n barod i adael, mi alwais i am lifft. Cyrhaeddodd y lifft, agorodd y drws a phwy oedd yno ond Tom Baker. 'Pa lawr ydy hwn?' gofynnodd o. 'Y chweched,' atebais i. 'Mae'r lifft yma'n waeth na'r blydi Tardis!' cwynodd o. Caeodd y drws ac aeth y lifft ymlaen i fyny'r adeilad.

A do, dw i wedi cyfarfod â Diana Ross, y gantores o America. Roedd hi'n canu yn yr Albert Hall yn 1973 ac roeddwn i wedi gwneud yn siŵr bod gen i sedd ddrud iawn (yn costio o leia dair punt) yn agos i'r llwyfan. Tua diwedd y cyngerdd, mi ddechreuodd Diana ganu cân o'r enw *'Reach Out and Touch Somebody's Hand'*. Mi gerddodd hi allan i ganol y gynulleidfa a chyffwrdd â llaw un Cymro ifanc golygus. Dw i ddim wedi golchi fy llaw dde o gwbl ers y noson fendigedig honno ym Medi 1973!

Felly, os gwelwch chi rywun efo un llaw lân ac un llaw ofnadwy o fudr, mi fyddwch chi'n gwybod pwy fydd o: un o ffrindiau gorau Tom, Nick a Di!

WNAETHOCH CHI DDEALL?

- Ydy hi'n anodd cyfarfod ag enwogion Cymraeg?
- Ydy'r awdur wedi cyfarfod â llawer o enwogion di-Gymraeg?
- Pwy? Pryd? Ble? Beth ddigwyddodd?
- Fedrwch chi ddyfalu pam buodd yr awdur yn rhannu tacsi efo Mr Edwards?

SGWRSIO

- Ydych chi wedi cyfarfod ag unrhyw enwogion erioed? Pwy? Pryd? Ble? Beth ddigwyddodd?
- Pa enwogion basech chi'n hoffi eu cyfarfod?

CEIR

Fedra i ddim deall pobl sy'n syrthio mewn cariad efo lwmp o fetel. Dw i'n medru deall rhywun yn caru anifail, neu dŷ efallai. Ond caru car! Mae'r peth yn hollol wirion. Wel, efallai medra i *ryw fath* o ddeall pobl yn gwirioni ar MG cyflym neu'n teimlo'n rhamantus am ryw hen A40 neu Beetle. Ond mae'r dyn drws nesa wedi gwirioni ar Austin Montego!

O flaen ein tŷ ni mae 'na Escort coch budr. Mae o'n cael ei olchi ddwywaith y flwyddyn (os ydy o'n lwcus), a phan mae o'n cael ei olchi mae pawb ar y stryd yn dweud pethau fel 'Wel, wel, *coch* ydy lliw'r car yma, ia?' Yn y cyfamser, mae'r Montego yn cael ei lanhau a'i rwbio a'i sgleinio cymaint nes bod rhaid cael sbectol haul i edrych ar yr *injan*, heb sôn am y paent arian ar y tu allan.

Mae'r Escort yn mynd yn iawn ar hyn o bryd, felly mae'n debyg cadwa i fo am flwyddyn neu ddwy eto. Ond unwaith bydd car yn dechrau camfyhafio, yna i ffwrdd â fo'n syth i'r domen sgrap.

Does gen i ddim amynedd o gwbl i ffidlan efo injan car. (Wrth gwrs, mae'r Montego'n cael gwell triniaeth na chleifion BUPA!) Mi fues i'n lwcus efo fy nghar cynta: mi fuodd yr hen Vauxhall Chevette gen i tan roedd o'n dyllau rhwd drosto. Roedd fy ail gar, Mini Metro, hefyd yn gar da: yr unig broblem oedd bod y mesurydd petrol yn gwrthod gweithio yn unman ond Cwm Rhondda! Roedd fy nghar nesa, Austin Maestro, yn gar 'prynhawn dydd Gwener'. Mi ges i bob math o broblemau efo'r car hwnnw, ond un broblem oedd bod y mesurydd tymheredd yn mynd i lawr yn sydyn bob tro roeddwn i'n pasio drwy Gonwy. Os oedd rhaid i mi arafu neu stopio yng Nghonwy, felly, roedd yr injan yn siŵr o ddiffodd! Mae'n siŵr bod 'na ryw ffŵl yn rhywle mewn cariad efo rhyw Austin Maestro, ond dim ond casineb fuodd rhwng fy Maestro a fi o'r dechrau. Hyd yn oed ar y diwrnod gwerthais i fo, mi wrthododd o gychwyn i mi fynd â fo i'r garej. Mi driais i eto ac eto, ond dim lwc. Yn y diwedd, roedd rhaid i'r Maestro melyn budr gael ei dynnu ar ei siwrnai ola gan Fontego disglair y dyn drws nesa. Sôn am embaras!

Fel dych chi wedi sylweddoli efallai, dw i ddim yn deall llawer

am geir. Mae hynny wedi costio'n
ddrud i mi sawl gwaith. Pan oeddwn
i ar fy ngwyliau yn Iwerddon
unwaith, mi ddechreuodd rhyw olau
coch fflachio, felly mi stopiais i
mewn garej i ofyn i rywun edrych
oedd 'na rywbeth mawr yn bod.
Chwe awr wedyn, mi ges i'r car yn
ôl efo bil mawr am osod *alternator*
newydd. *'Alternator?'* dywedais i. 'Mi
ges i *alternator* newydd y mis
dwetha. Ga' i fynd â'r hen *alternator*
efo fi i Gymru i drio cael fy mhres yn
ôl?' Mi aeth dyn y garej i'r cefn a
dod yn ôl efo darn o fetel. Yr
wythnos wedyn, mi es i'n ôl i'r garej
yn Llangefni lle roeddwn i wedi cael
alternator fis yn gynharach. Pan
welodd dyn y garej y darn o fetel,
mi ddechreuodd o chwerthin.
Darn o ryw hen dractor oedd y
darn o fetel, a dim byd tebyg i
alternator o gwbl!

Pan oeddwn i'n fyfyriwr, mi
ges i swydd dros wyliau'r haf
ym Metws-y-coed efo'r R.A.C.
Ia, *fi* efo'r R.A.C.! Pan glywodd
y dyn drws nesa hynny, mi
ymunodd o â'r A.A. yn syth!

WNAETHOCH CHI DDEALL?

- Ydy'r awdur mewn cariad efo'i gar?
- Beth ydy agwedd y dyn drws nesa at ei gar?
- Disgrifiwch rai o eiriau yr awdur.
- Beth oedd hanes yr *alternator*?

SGWRSIO

- Ydych chi'n un da efo peiriannau?
- Pa un oedd y car gorau/y car gwaetha gawsoch chi erioed?
- Ydych chi'n golchi eich car yn aml?
- Ydych chi'n hapus efo'r gwasanaeth dych chi'n ei gael mewn garej?
- Ydych chi wedi torri i lawr erioed? Ydych chi wedi defnyddio gwasanaeth yr A.A. neu'r R.A.C.?

SYMUD TŶ

GEIRFA

cyfleus	convenient
hysbyseb	advertisement
gwag	empty
haeddu	deserve
creadigol	creative
disgrifiad	description
methu	to fail, to be unable
llond bol	a bellyful, fed up
cymydog, cymdoges	neighbour
cymdogion	neighbours
swnllyd	noisy
bob yn un	one by one
cynnig	an offer, to offer
cynt	sooner
perffaith	perfect
taflenni	sheets
taro deuddeg	fit the bill
henoed	old people
cadwyn	chain
perchennog	owner
cyfreithwyr	solicitors
arwyddo	to sign
cytundebau	contracts
cyn pen dim	in no time
tynnu'n ôl	to withdraw

Ar werth: Tŷ tair llofft. Preifat. Gardd hawdd ei chadw. Cyfleus. Dim ond £60,000, i'w werthu'n gyflym.

Ailddarllenwch yr hysbyseb:
Tair llofft
= dwy lofft a chwpwrdd

Preifat
= mae pob tŷ o gwmpas yn wag

Gardd hawdd ei chadw
= concrit

Cyfleus
= mae'r M57 yn pasio dros y tŷ

I'w werthu'n gyflym
= does neb eisiau'r tŷ

Mae'r gwerthwyr tai'n haeddu cadair eisteddfodol am ysgrifennu creadigol. Ar ôl darllen eu disgrifiad bendigedig nhw o'n hen dŷ ni ym Mhontypridd roedden ni'n methu deall pam roedden ni eisiau symud!

Mi benderfynon ni roi'r tŷ ar y farchnad er mwyn cael tŷ mwy, yn agosach at fy ngwaith, ac achos ein bod ni wedi cael llond bol ar ein cymdogion swnllyd. Mis Mawrth oedd hi, amser da i werthu, medden nhw. Yn anffodus, roedd pawb arall yn gwybod hynny hefyd. Erbyn diwedd yr wythnos roedd 'na bedwar tŷ ar werth yn y stryd. Erbyn diwedd y mis, roedd 'na ddeg.

Mi gafodd y tai eu gwerthu bob yn un, ond ddaeth neb i weld ein tŷ ni am fisoedd. Yna, tipyn o lwc! Mi gawson ni gynnig gan hogyn ifanc oedd yn canu'r trwmped. Roedden ni wrth ein bodd efo'r cynnig, ac efo'r trwmped!

Yna, mwy o lwc. Mi ges i swydd ym Mangor. Roedden ni'n falch erbyn hyn ein bod ni ddim wedi gwerthu'n gynt. Roedd pethau wedi syrthio i'w lle'n berffaith.

Dyma ddechrau chwilio am dŷ yn ardal Bangor, felly. Wel, mi gasglon ni gannoedd o daflenni, mi welson ni ddegau o dai, ond doedd dim un yn taro deuddeg. Yna mwy o lwc eto. Roedd ffrind i ffrind i ffrind wedi sôn bod eu cymdoges wedi symud i gartref henoed a'i bod hi'n mynd i werthu ei thŷ. Diwedd y stori oedd i ni fynd i weld tŷ'r ffrind i ffrind i ffrind yn Llanfairpwll a chynnig am y tŷ drws nesa cyn iddo fo fynd ar y farchnad. Chawson ni ddim cyfle i weld y tu mewn i'r tŷ o gwbl cyn mynd yn ôl i Bontypridd ond doedd dim ots. Roedden ni'n hoffi'r bobl drws nesa!

Doedd 'na ddim cadwyn o gwbl felly. Roedd prynwr ein tŷ ni'n prynu ei dŷ cyntaf; roedd perchennog y tŷ yn Llanfairpwll mewn cartref henoed. Roedd popeth mor syml.

Syml? Dydy cyfreithwyr ddim yn gwybod ystyr y gair. Roedd 'na broblem, medden nhw. Carthffosiaeth! ('Drêns' mewn Cymraeg bob dydd.) Ydy'r cyfreithwyr 'ma'n gwneud unrhyw

beth ond edrych yn araf i mewn i ddrêns pobl dwedwch? Yn y diwedd, arwyddon ni mo'r cytundebau tan 21ain Rhagfyr. Ar 27ain Rhagfyr, roedden ni'n symud! Mi anghofion ni am y Nadolig y flwyddyn honno.

'Mae'n rhy fach!' meddwn i, pan gyrhaeddodd lorri Pickfords. Ond cyn pen dim roedd popeth i mewn yn y lorri a ninnau ar ein ffordd tua Gogledd Cymru.

Mi setlon ni yn ein tŷ newydd ar unwaith. Mae'n dŷ braf ac mae'r cymdogion yn fendigedig. Fyddwn ni ddim eisiau symud eto am flynyddoedd. Gobeithio, beth bynnag!

Tybed sut mae Mr a Mrs Hargreaves, Pontypridd, yn mwynhau'r trwmped?

ANIFEILIAID

G E I R F A

llai byth	even less
anwes	fondling
anifail anwes	pet
cwningen	rabbit
gofalu am	to care for
cwt	hut
addas	suitable
derbyn	to accept
unig	lonely
ar y cyfan	on the whole
gorwedd	to lie down
llwyddo i	to succeed in, to manage to
toddi	to melt
gast	bitch
cyfeillgar	friendly
gwartheg	cattle
tyner	tender
mamol	motherly
ŵyn	lambs
siglo	to sway
golwg	sight
methu	to fail, to be unable
llathenni	yards
tafod	tongue
siom	disappointment
deigryn	tear

Er fy mod i'n fab fferm, neu efallai *achos* fy mod i'n fab fferm, dw i ddim yn hoff o anifeiliaid. Doedd gen i ddim diddordeb o gwbl mewn anifeiliaid pan oeddwn i'n blentyn, ac mae gen i lai fyth o ddiddordeb mewn anifeiliaid rŵan. Ac yn sicr does gen i ddim diddordeb mewn cadw anifeiliaid anwes yn y tŷ.

'Pam na chawn ni gi, Dad?' mae'r plant yn gofyn bron bob dydd.

'Na,' ydy'r ateb bob tro. 'Pam na chawn ni gath 'te?' 'Na!' 'Be' am gwningen?' 'Na!' 'Byji 'te?' 'Dim siawns!' Ydw i'n rhy galed efo nhw, dwedwch? Na, dw i'n gwybod yn iawn pwy fasai'n gofalu am yr anifail, yn ei fwydo a'i olchi ac yn glanhau ei fasged, ei gwt, ei gaets, neu beth bynnag ar ôl rhyw bythefnos. Ia, neb llai na Dad ei hun!

Beth bynnag, dw i ddim yn meddwl bod tŷ teras ar stryd brysur yn lle addas i gadw anifail. Dw i'n derbyn fod anifail anwes yn medru bod yn gwmni i bobl unig ond ar y cyfan dw i'n credu mai allan yn y wlad mae lle anifail, ac nid mewn côt acrylic smart yn gorwedd ar soffa o flaen y tân.

Ond mi lwyddodd *un* o gŵn defaid fy nhad i doddi fy nghalon galed: gast dawel, gyfeillgar o'r enw Fflei. Roedd hi'n weithwraig ardderchog. Roedd hi'n feistres ar ddefaid y mynydd ac ar y gwartheg mawr ond roedd hi'n dyner iawn, bron yn famol, efo'r ŵyn a'r moch bach. Roedd hi'n deall fy nhad yn iawn, yn well na ddeallodd Mam fo erioed!

Ond pan fyddai'r gwaith wedi gorffen, mi fyddai hi'n dod aton ni'r plant yn ara' deg, gan siglo ei phen-ôl fel Marilyn Monroe, a gorwedd yno fel brenhines i fwynhau pob munud o'r anwes bydden ni'n ei roi iddi hi.

Mi fuodd Fflei fyw yn hen, tan roedd hi tua phymtheg oed. Erbyn y diwedd, roedd hi wedi colli ei golwg, ond roedd hi'n dal i weithio. Achos ei bod hi'n methu gweld i ble roedd hi'n mynd, roedd rhaid iddi hi ddibynnu ar lais fy nhad i wybod ble roedd y defaid. Ond dydy defaid ddim mor dwp ag y maen nhw'n edrych. Roedden nhw'n gwybod rywsut bod Fflei'n methu eu gweld nhw. Felly, pan fydden nhw'n gweld Fflei'n dod, mi fyddai'r defaid yn symud ychydig lathenni i'r ochr.

Mi fyddai Fflei druan yn rhedeg heibio heb eu gweld nhw ac yn mynd ymlaen ac ymlaen ac ymlaen dros y mynydd. Mi fyddai'r defaid yn eistedd wedyn i fwynhau hanner awr arall yn yr haul wrth aros i fy nhad gerdded i fyny'r mynydd i chwilio amdanyn nhw. Awr neu ddwy wedyn, mi fyddai fy nhad a Fflei'n cyrraedd yn ôl i'r fferm yr un pryd, y ddau efo'u tafodau'n hongian allan, a siom yn glir ar wyneb Fflei.

Dydy ffermwyr ddim yn sentimental ynglŷn ag anifeiliaid fel arfer, ond pan fuodd yr hen Fflei farw, dw i'n siŵr bod hyd yn oed fy nhad wedi colli deigryn neu ddau y diwrnod hwnnw.

WNAETHOCH CHI DDEALL?

- Beth ydy agwedd yr awdur at anifeiliaid ac, yn arbennig, at anifeiliaid anwes?
- Pwy oedd Fflei?
- Beth ddigwyddodd i Fflei yn ei henaint?

SGWRSIO

- Oes gynnoch chi anifeiliaid anwes? Lle dych chi'n eu cadw nhw? Pwy sy'n gofalu amdanyn nhw?
- Oedd gynnoch chi anifeiliaid anwes pan oeddech chi'n blentyn?
- Oes 'na un anifail arbennig sy'n aros yn y cof?
- Ydych chi'n cytuno mai 'allan yn y wlad mae lle anifail'?

DYSGU GYRRU

GEIRFA

teithio	to travel
mentro	to venture
lôn (lonydd)	lane(s)
ar goll	lost
cynnig	to try, to apply
prawf	test
croesffordd	crossroads
hyfforddwr	instructor
ynghynt	earlier
crafu	to scratch
syn	stunned
stopio'n stond	to stop dead
anobaith	despair
creadur	poor soul
straen	strain, stress
ar fy mhen	head-on
gwers	lesson
taro	to hit
lapio	to wrap
fferyllydd	chemist
llwyddo	to succeed, to manage
cacynen (cacwn)	wasp(s)
cymryd sylw	to take notice
arholwr	examiner
gwallgof	mad
gweiddi	to shout
cylchfan	roundabout
hedfan	to fly

Dw i'n hoff iawn o yrru. Rhaid i mi deithio llawer efo fy ngwaith, ac, os bydd hi'n braf, mi fydda i wrth fy modd yn troi oddi ar y brif ffordd a mentro ar hyd lonydd bach y wlad. Yn amlach na pheidio, mi fydda i'n mynd ar goll, ond beth ydy'r ots? Mae gyrru'n bleser.

Gyrru'n bleser? Pan oeddwn i'n dysgu, feddyliais i erioed baswn i'n dweud hynny. Roedd dysgu gyrru'n broses mor araf ac anodd. Mi ddechreuais i ddysgu ar ddiwrnod fy mhen blwydd yn ddwy ar bymtheg. Roeddwn i dros bump ar hugain erbyn i mi basio'r prawf!

Ond rhaid i mi ddweud dau beth: 1) yrrais i ddim am saith mlynedd yn y canol; 2) mi basiais i'r prawf y tro cyntaf i mi gynnig. Ond pan oeddwn i allan yn ymarfer ychydig cyn y prawf, pwy welais i'n sefyll wrth groesffordd brysur ond fy hyfforddwr cyntaf, wyth mlynedd ynghynt. Mi stopiais i'r car wrth y groesffordd a chrafu'r injan i'r gêr cyntaf. Mi glywodd yr hyfforddwr y sŵn ac edrych yn syn ar yr 'L' goch. Mi es i mor goch â'r 'L' a brysio ymlaen. Mi neidiodd y car, fel cangarŵ yn cario tomato, i ganol y ffordd a stopio'n stond. Mi welais i'r hyfforddwr yn rhoi ei ben yn ei ddwylo mewn anobaith. Roedd y creadur wedi marw cyn iddo fo fy ngweld i'n gyrru heb 'L'. Roedd y straen yn ormod iddo fo.

Mi wnes i dipyn o ddrwg i nerfau pobl eraill pan oeddwn i'n dysgu hefyd. Y tro cyntaf i mi yrru car fy nhad, mi es i ar fy mhen i wal yr ardd. Pan oeddwn i'n cael gwers efo'r Ysgol Yrru, mi roiais i'r gêr yn *reverse* mewn camgymeriad wrth oleuadau traffig, a tharo'r car y tu ôl i mi. Yr unig dro i Mam ddod allan efo fi, mi lapiais i'r car o gwmpas postyn giât. Werthodd y fferyllydd lleol erioed gymaint o *Valium*.

Sut yn y byd llwyddodd gyrrwr fel fi i basio'r prawf gyrru? Diwrnod poeth ym mis Gorffennaf oedd hi. Roedd y prawf yn mynd yn eitha da, dw i'n meddwl, ond yn sydyn daeth cacynen i mewn trwy ffenest agored y car. Chymerais i ddim sylw ohoni hi ond mi aeth yr arholwr yn wallgof. Mi geisiodd o daro'r gacynen eto ac eto ac eto efo'i bapurau gan weiddi 'Dos allan y diawl!' Yn y diwedd, mi stopiais i wrth gylchfan ac mi hedfanodd y gacynen allan trwy'r ffenest.

'Caewch eich ffenest ar unwaith,' meddai'r arholwr yn wyllt, ar ôl iddi fynd. 'Mae'n gas gen i gacwn.' Roedd o mewn gormod o sioc wedyn i gymryd sylw o fy ngyrru i ac mi basiais i'r prawf heb drafferth.

Felly dyma fi rŵan yn teithio milltiroedd ar filltiroedd bob dydd ar hyd y priffyrdd a lonydd bach y wlad. Ond does dim eisiau i chi boeni gormod. Mae fy ngyrru wedi gwella tipyn bach ers i mi basio fy mhrawf!

WNAETHOCH CHI DDEALL?

- Ydy'r awdur yn mwynhau gyrru?
- Pa fath o broblemau gafodd o wrth ddysgu gyrru?
- Sut aeth y prawf gyrru?
- Beth ydy hanes hyfforddwr cynta'r awdur erbyn hyn?

SGWRSIO

- Ydych chi'n mwynhau gyrru? Ydy hi'n well gynnoch chi yrru ar y draffordd, neu ar lonydd bach?
- Sut wnaethoch chi ddysgu gyrru? Faint o amser gymerodd hi i chi ddysgu?
- Faint o weithiau gymeroch chi'r prawf gyrru? Pa gamgymeriadau wnaethoch chi yn ystod y prawf/profion?
- Sut bobl oedd eich hyfforddwr a'r arholwr?
- Ydych chi'n meddwl bod 'na lawer o yrwyr gwallgof ar y ffyrdd?

BWYD

GEIRFA

gwario	to spend
traddodiadol	traditional
pryd	meal
dilyn	to follow
llwgu	to starve
arfer(ion)	habit(s)
nefoedd	heaven
profi	to taste, to sample
anarferol	unusual
Chineaidd	Chinese
achlysur	occasion
ar y cyfan	on the whole
llysiau	vegetables
braster	fat
canmol	to praise
buarth	farmyard
llysieuwr	vegetarian

Dim ond un cariad sy gen i (wel, dau efallai, os ydych chi'n cyfri fy ngwraig): fy mol! Dw i'n meddwl amdano fo trwy'r amser, mi wna i'n siŵr ei fod o'n cael popeth mae o eisiau, mi waria i fy mhres i gyd arno fo. Yn wir, mi wna i unrhyw beth i blesio fy annwyl fol!

Mi ges i fy magu ar fwyd traddodiadol iawn: wy i frecwast bob bore; pryd mawr o gig, tatws, llysiau a grefi ganol dydd efo pwdin mawr poeth i ddilyn; te wedyn, tua phedwar o'r gloch, o fara menyn, jam, caws a dewis o gacennau; a swper o gig oer a salad, a mwy o gacennau, tua wyth o'r gloch y nos i wneud yn siŵr fy mod i ddim yn llwgu cyn y bore!

Erbyn heddiw, mae fy arferion bwyta wedi newid tipyn. Fydda i byth yn bwyta wy i frecwast achos mae'n ormod o waith. Dim ond brechdanau bydda i'n eu bwyta ganol dydd: mi faswn i'n cysgu trwy'r prynhawn ar ôl cinio mawr Mam. Mi fydd y plant yn cael 'te bach' – brechdan neu ffrwyth – pan ddôn nhw o'r ysgol ac wedyn mi gawn ni i gyd 'swper' tua hanner awr wedi pump. Tua naw o'r gloch,

mi fydda i'n cymryd 'rhywbeth bach i fwyta' (does gynnon ni ddim enw ar hwn achos ein bod ni'n defnyddio'r gair 'swper' fel enw ar y pryd mawr am 5.30!). Mi fydda i'n edrych ymlaen yn fawr at yr adeg yma o'r dydd: y plant yn eu gwelyau, y tŷ'n ddistaw a finnau'n cael eistedd yn ôl i fwynhau fy hoff fwyd, brechdan *peanut butter* a jam. Nefoedd!

Digon traddodiadol ydy'r bwyd dyn ni'n ei fwyta gartre, felly pan fyddwn ni'n bwyta allan, dw i wrth fy modd yn profi pethau anarferol. Dw i'n arbennig o hoff o fwyd yr Eidal, felly mae Sidoli's yng Nghaer yn un o fy hoff dai bwyta. Hefyd, mae'n braf mynd mewn grŵp i dŷ bwyta Chineaidd da, fel Riverside yng Nghaerdydd, a chael llond bwrdd o brydau gwahanol a phrofi tipyn bach o bob un. Ond pleser mwya bwyta allan i mi ydy *sglodion*! Dyn ni byth yn bwyta sglodion gartre, felly mae cinio yn y *Little Chef* yn achlysur arbennig iawn i'n teulu ni.

Bwyta'n iach ydy'r obsesiwn mawr y dyddiau hyn. Er gwaetha'r sglodion a'r *peanut butter*, dw i'n meddwl fy mod i'n bwyta'n eitha iach ar y cyfan – dim bwyd wedi'i ffrio, dim llawer o bethau melys, digon o lysiau a ffrwythau ffres. Mae'n debyg dylwn i fwyta llai o gaws llawn braster a chig coch, ond y broblem ydy fy mod i'n mwynhau caws a chig cymaint! Mae fy ngwraig wrth ei bodd efo cig da hefyd ond, bob tro dyn ni'n cael pryd ar fferm fy rhieni a fy ngwraig yn canmol y cig blasus, mi fydd fy mam galon-galed yn dweud 'Ydych chi'n cofio'r mochyn bach 'na oedd yn chwarae ar y buarth y tro diwetha roeddech chi yma? Hwnna ydy o!' Dw i'n siŵr bydd fy ngwraig (hogan galon-feddal o'r dre) yn troi'n llysieuwr cyn bo hir!

Esgusodwch fi am funud. 'Ia, cariad? Oes, cariad. Wrth gwrs, cariad.' Mae'n ddrwg gen i, ond rhaid i mi fynd. Mae fy mol yn barod am ei frechdan *peanut butter*. Fedra i mo'i gadw o'n aros . . .

WNAETHOCH CHI DDEALL?

- Ydy'r awdur yn mwynhau ei fwyd?
- Disgrifiwch ei ddeiet yn blentyn.
- Sut mae ei ddeiet erbyn heddiw?
- Pa fath o fwyd mae o'n ei fwynhau mewn tai bwyta?
- Ydy'r awdur yn bwyta'n iach?
- Ydy ei wraig yn bwyta cig?

SGWRSIO

- Beth ydy'r enwau dych chi'n eu defnyddio ar brydau bwyd yn eich tŷ chi (e.e. cinio, te, swper, *lunch, tea, high tea, dinner, supper,* ac ati)?
- Beth fyddwch chi'n ei fwyta i bob pryd ar ddiwrnod cyffredin?
- Ydych chi'n bwyta'n iach? Ydych chi wedi newid eich deiet yn ddiweddar?
- Lle byddwch chi'n hoffi mynd allan i fwyta?

CYFWELIADAU

cyfweliad	interview
cynnig am	to apply for
crogi	to choke
llydan	wide
darlithydd	lecturer
cyfaddef	to admit
swydd(i)	job(s)
llachar	bright
tyn	tight
cefndir	background
dibynnu	to depend
hysbysebu	to advertise
breuddwydio	to dream
gwahoddiad	invitation
prawf	test
cyflwyno	to present
gradd	degree
profiad	experience
chwaethus	tasteful
brethyn	tweed
cymwysterau	qualifications
cyngor	advice

Mae tri pheth yn arbennig dw i'n eu casáu am gyfweliadau. Yn gyntaf, mae'n gas gen i'r hanner awr cyn y cyfweliad efo fy meddwl fel *Spaghetti Junction*. Yn ail, mae'n gas gen i'r hanner awr *ar ôl* cyfweliad pan fydda i'n meddwl am atebion arbennig o glyfar i rai cwestiynau ac yn cofio atebion arbennig o wirion a roiais i i gwestiynau eraill. Yn drydydd, mae'n gas gen i wisgo tei.

Mi ges i fy nghyfweliadau cyntaf wrth gynnig am le mewn prifysgolion, a dw i'n cofio cael fy nghrogi gan fy nhei llydan gwyn efo blodau mawr brown (amser *Flower-power* oedd hi, welwch chi). Dw i'n cofio hefyd un darlithydd yn gofyn pa fath o gerddoriaeth roeddwn i'n ei licio. Well i mi beidio â dweud Cilla Black, meddyliais i. Yr enw cyntaf ddaeth i fy mhen oedd Beethoven. 'Beth yn arbennig?' gofynnodd y darlithydd. Y peth cyntaf ddaeth i fy mhen oedd y Meseia. Ches i ddim lle yn y coleg hwnnw. Felly, yn y cyfweliad nesa, mi ddwedais i'r gwir a chyfaddef fy mod i'n licio Cilla Black. Ches i ddim lle yn fan'no chwaith!

Mae gen i gof clir iawn am fy nghyfweliad cyntaf am swydd, cyfweliad efo'r Gwasanaeth Sifil yn Birmingham. Pan welais i fod *chwech* o bobl ar y panel, mi deimlais i fy nhei piws llachar yn mynd yn dynnach ac yn dynnach am fy ngwddw. Ar ôl y cwestiynau arferol am fy nghefndir, mi ofynnodd y dyn cas ar y panel (mae 'na un ar bob panel, on'd oes?): 'Tasech chi mewn ciw am y bws ola a rhywun yn stwffio i mewn i'r ciw o'ch blaen chi, beth fasech chi'n ei wneud?' 'Mi fasai hi'n dibynnu pa mor fawr oedd o,' atebais i'n glyfar. Dw i ddim yn meddwl rywsut mai dyna'r ateb roedden nhw ei eisiau. Wedyn mi ofynnodd y ffŵl ar y panel (mae 'na un ar bob panel, on'd oes?): 'Pam mae Cymry'n medru canu mor dda?' 'Achos bod Cymru bob amser yn curo Lloegr ar y cae rygbi,' atebais i'n onest. Naddo, ches i ddim swydd efo'r Gwasanaeth Sifil! Tybed pam?

Roeddwn i'n cynnig am bob math o swyddi oedd yn cael eu hysbysebu yn y papurau. Am hwyl, mi gynigiais i am swydd fel darllenwr newyddion efo'r B.B.C. (Ers pan oeddwn i'n blentyn, roedd Mam wedi breuddwydio am gael fy ngweld yn eistedd wrth ochr

Kenneth Kendall ryw ddiwrnod!) Mi ges i wahoddiad i'r stiwdio am brawf llais. Roedd rhaid i mi ddarllen bwletin newyddion yn cynnwys enwau fel Dnabningi Sithole o Zimbabwe a chyflwyno cerddoriaeth Khatchaturian. Mae'n anodd iawn dweud Dnabningi a Khatchaturian pan ydych chi'n gwisgo tei seicedelig tyn, credwch chi fi. . .

Mi gynigiais i am swydd fel Tiwtor Cymraeg hefyd, dim ond am hwyl, achos roedd gen i radd mewn Ffrangeg a dim profiad o ddysgu dim byd i neb. Roedd y cyfweliad yn ffars, ond rywsut mi ges i'r swydd. Efallai mai'r tei gwyrdd chwaethus o frethyn Cymru wnaeth y tric. . .

WNAETHOCH CHI DDEALL?

- Pam mae'r awdur yn casáu cyfweliadau?
- Pa fath o brofiadau gafodd o mewn cyfweliadau?
- Pam mae teis yn bwysig yn y stori?

SGWRSIO

- Pa fath o swyddi basech chi'n medru cynnig amdanyn nhw efo'ch cymwysterau chi?
- Ydych chi wedi cael llawer o gyfweliadau? Sut brofiadau dych chi wedi'u cael?
- Pa gyngor basech chi'n ei roi i berson ifanc sy'n mynd am gyfweliad am y tro cyntaf?

CERDDORIAETH

GEIRFA

cerddor	musician
cerddoriaeth	music
cerddorol	musical
wyddoch chi	you know (fel 'wsti')
arweinydd	conductor
beirniad	adjudicator
cystadleuaeth	competition
cystadlu	to compete
arholiad	examination
arholwr	examiner
anhygoel	incredible
gyrfa	career
uchafbwynt	climax
clasurol	classical
cipio'r wobr	to win (to snatch) the prize
cyfoes	contemporary
asio	to blend
hwyl	success
llwyddiant	success
saethu	to shoot
cwyn	complaint
canwr, cantores	singer (m/f)
cantorion	singers

Taswn i'n cael byw fy mywyd eto, mi faswn i'n licio bod yn gerddor. A dweud y gwir, dw i'n meddwl fy mod i'n dipyn o gerddor yn barod ond, taswn i'n cael byw fy mywyd eto, mi faswn i'n licio tasai pawb arall yn meddwl yr un peth!

Dw i'n enillydd cenedlaethol ym maes cerddoriaeth, wyddoch chi. Dw i wedi ennill sawl gwaith yn yr Eisteddfod Genedlaethol trwy berfformio gweithiau gan Bach, Rossini a Verdi. Y rheswm pam nad ydych chi wedi clywed amdana i o'r blaen, efallai, ydy bod o leia han-ner cant o bobl eraill yn canu efo fi bob tro a bod arweinydd y côr wedi gwneud yn siŵr fy mod i'n sefyll yng nghanol y rhes gefn yn ddigon pell o bob microffon. Ond mi lwyddais i unwaith i adael argraff arbennig iawn ar y beirniad mewn un gystadleuaeth. 'Yma i gystadlu ar y Brahms dach chi?' digwyddodd o ofyn i mi. 'Nage,' atebais i, ' "Mor hawddgar yw dy bebyll di" dan ni'n ganu!' 'Brahms sgwennodd hwnnw, wyddoch chi,' meddai'r beirniad. Trydydd, allan o dri, gawson ni yn y gystadleuaeth honno.

Fel plentyn, mi fues i'n cystadlu ar yr unawd am flynyddoedd yn Eisteddfod y capel ym Mhentrecelyn. Pedwerydd allan o bedwar oeddwn i fel arfer ond, un flwyddyn, mi ddes i'n ail. Y flwyddyn honno, roeddwn i dan annwyd trwm!

Roeddwn i'n cael tipyn gwell hwyl ar ganu'r piano. Mi ges i wersi am naw mlynedd nes cyrraedd arholiad Gradd 5. Ond yr unig beth caredig ddwedodd yr arholwr am fy mherfformiad oedd bod gen i dalent arbennig i ddal i fynd trwy gatalog anhygoel o gamgymeriadau! Dw i'n dal i gael mwynhad mawr o ymarfer y dalent arbennig yma ar fy mhiano heddiw. Mae cwmni Johnson's hefyd yn mwynhau'r gwerthiant mawr sy ar wlân cotwm yn ein stryd ni y dyddiau hyn.

Mi ges i wersi ffidil hefyd am ryw ddwy flynedd ond profiad digon poenus oedd hwnnw i unrhyw un oedd yn digwydd bod o fewn rhyw ddwy filltir i'r ystafell lle roeddwn i'n chwarae. Daeth uchafbwynt fy ngyrfa fel ffidlwr yn Eisteddfod yr ysgol. Mi ddewisais i ganu darn clasurol ofnadwy o anodd o'r enw 'John Brown's Body'. 'Wneith rhywun saethu'r gath yna?' gwaeddodd rhywun. Ond mi aeth cwyn y gath ymlaen ac ymlaen ac mi gipiais i'r bumed wobr allan o bump.

Er fy mod i wrth fy modd yn trio canu cerddoriaeth glasurol efo'r côr, does gen i ddim diddordeb mewn *gwrando* ar gerddoriaeth glasurol. Y ddau beth mwya pwysig i mi wrth ddewis recordiau ydy 1) bod y perfformiwr yn ferch, 2) bod y ferch yn ddu! Dw i wrth fy modd efo cerddoriaeth *blues* Billie Holiday, sŵn gospel Aretha Franklin a *disco soul* cantorion fel Whitney Houston. Yn anffodus does dim llawer o ferched du yn canu yn Gymraeg ond mae gan Gymru ddigonedd o gantorion cyfoes talentog beth bynnag ac mae safon y recordiau'n codi bob blwyddyn. Ond dw i ddim yn meddwl y gwneith neb byth ysgrifennu

gwell cân na chlasur Huw Chiswell, 'Rhywbeth o'i Le': cân mor syml ond eto'n dweud cymaint, a'r gerddoriaeth a'r geiriau'n asio'n berffaith.

Taswn i'n cael byw fy mywyd eto, mi faswn i'n licio cael fy ngeni yn ferch ddu efo talent Huw Chiswell.

WNAETHOCH CHI DDEALL?

- Faint o bobl sy'n meddwl bod yr awdur yn dipyn o gerddor?
- Pa offerynnau cerdd mae o wedi dysgu eu canu?
- Faint o lwyddiant mae o wedi'i gael mewn cystadlaethau cerddorol?

SGWRSIO

- Pa fath o gerddoriaeth dych chi'n ei hoffi?
- Ble a phryd byddwch chi'n gwrando ar gerddoriaeth fel arfer?
- Fyddwch chi'n prynu llawer o recordiau?
- Fyddwch chi'n mynd i gyngherddau'n aml?
- Ydych chi'n canu unrhyw offeryn cerdd? Ydych chi wedi cael gwersi erioed?

EIRA

Beth sy'n digwydd i'r byd yma, dwedwch? Pob haf yn wlyb, pob gaeaf yn wlyb. Dim eira ers blynyddoedd! Dydy fy mhlant i erioed wedi gweld eira, erioed wedi bod ar sled nac wedi gwneud dyn eira. (Wrth gwrs, rhaid cofio ein bod ni'n byw ar ynys drofannol Môn.) Ar y llaw arall, pan aeth ffrind i mi i Mallorca ym mis Ebrill i gael tipyn o haul, beth gafodd o ond eira trwm! Yn anffodus, doedd *Suntours* ddim wedi dweud wrtho fo am bacio ei sgîs.

Pan oeddwn i'n ifanc ers talwm (rhwng 1863 a 1866), roedd 'na batrwm i'r tywydd: gwanwyn ffres, haf sych a chynnes, hydref mwyn a gaeaf oer, caled efo llawer o eira. Ac roeddwn i'n lwcus iawn bob gaeaf: hyd yn oed os nad oedd 'na eira o gwbl wrth fy nghartref i, roeddwn i'n cael mynd adre'n gynnar yn aml achos fy mod i'n mynd i'r ysgol ar fws oedd ym mynd mor bell â Bwlch yr Oernant. Ar ôl y mymryn lleia o rew neu eira, mae Bwlch yr Oernant yn cau ar unwaith. Tasech chi'n colli pacedaid o *Lux* ar ben Bwlch yr Oernant, mi fasai'r heddlu wedi cau'r ffordd mewn chwinciad!

Roedden ni'n cael eira go-iawn wrth fy nghartre i hefyd weithiau cofiwch, a ninnau'n cael ein hynysu am ddyddiau. Unwaith roedd rhaid i fy nhad fy nôl i o'r ysgol ar y tractor achos bod yr eira'n lluwchio mor gyflym. Dro arall, mi fuodd metropolis Pentre Coch (12 tŷ, dim siop, dim capel, un ciosg, un blwch postio, poblogaeth: 33) ar y newyddion am yr unig dro yn ei hanes am wn i, pan gafodd babi ei eni yno yng nghanol yr eira. Roedd rhaid clirio'r ffordd yn arbennig er mwyn i'r doctor a'r ambiwlans (a'r dyn camera) gyrraedd y tŷ.

Mi fuodd storm eira fawr yn 1982 hefyd pan oeddwn i'n byw ym Mhontypridd. Roedd hi'n braf pan es i i mewn i dafarn yr Albert yng Nghaerdydd am 5.30. Pan ddes i allan o'r Albert am 11.00 roedd yr eira at fy ngwddw. (Roeddwn i ar fy mhedwar erbyn 11.00 cofiwch!) Roedd pob car a thrên yn sownd. Felly, mi es i i glwb nos am awr neu ddwy, yna cysgu ar lawr fy swyddfa am dipyn, cyn cerdded yn ôl i Bontypridd y bore wedyn. Mi fuodd popeth ar stop am wythnos ar ôl y storm. Roedd bwyd yn brin a chiwiau hir yn y siopau. Ond mi benderfynodd fy ngwraig y dylwn i ddefnyddio'r amser i bapuro'r lolfa, felly tra oedd pawb arall yn chwilio am fara a llefrith, chwilio am bapur wal a phast roeddwn i. O leia, doedd 'na ddim ciw yn y siop bapur wal!

Y broblem yn y wlad yma ydy ein bod ni ddim yn paratoi ar gyfer eira. Yn Québec, lle bues i'n byw am ddwy flynedd, maen nhw'n barod amdano fo; chwarae teg, mae hi'n bwrw'n solet yno am chwe mis bob blwyddyn, felly maen nhw wedi arfer. Yn yr hydref, mae pawb yn codi pabell ar siâp twnnel o'r drws ffrynt at y pafin fel ei bod hi'n bosib dod allan o'r tŷ heb drafferth. Hefyd mae pawb yn gwrando'n ofalus ar ragolygon y tywydd ac yn aros gartre os oes storm eira ar y ffordd. Unwaith mae'r storm drosodd, mae'r erydr yn clirio'r strydoedd a'r traffig yn llifo eto mewn chwinciad. Mae cawod o *Lux* yn y wlad yma'n achosi mwy o hafoc na chwe mis o eira trwm yn Québec.

Mae'r wlad yn fendigedig yn Québec dan yr eira. Mae hi'n oer

iawn wrth gwrs (-35° oedd hi ar y bore y penderfynais i brynu *long-johns*) ond mae'r awyr yn sych iawn, felly dydy rhywun ddim yn teimlo'r oerfel yr un fath. A dweud y gwir, pan ddes i adre o -35° sych Québec i dreulio'r Nadolig yn +2° gwlyb Pentre Coch, roeddwn i'n teimlo bod Cymru'n lle llawer oerach na Chanada.

Maen nhw'n dweud bod Oes yr Iâ'n dod yn ôl. Os cawn ni aeafau fel gaeafau Québec wedyn, wna i ddim cwyno!

WNAETHOCH CHI DDEALL?

- Sut mae'r tywydd heddiw'n wahanol i'r tywydd y mae'r awdur yn ei gofio o'i blentyndod?
- Pam roedd o'n cael mynd adre o'r ysgol yn aml pan oedd hi'n bwrw eira?
- Pam buodd Pentre Coch yn y newyddion unwaith?
- Beth oedd hanes yr awdur yn ystod storm eira 1982 ym Mhontypridd?
- Ym mha ffordd mae Québec yn wahanol i Gymru o ran tywydd?

SGWRSIO

- Ydy patrwm y tywydd yn newid? Ydy Oes yr Iâ'n dod yn ôl?
- Ydych chi'n cofio llawer o eira pan oeddech chi'n blentyn?
- Ydych chi wedi bod yn sownd mewn eira erioed, neu wedi cael trafferth mewn tywydd oer?
- Ydych chi wedi bod yn sgïo erioed?
- Ydy hi'n well gennych chi aeafau mwyn, gwlyb neu aeafau oer, caled?

RADIO A THELEDU

nobyn	knob
sothach	rubbish
annealladwy	unintelligible
di-chwaeth	in bad taste
pwyso	to press
cynnal	to hold
	(e.g. a conversation)
call	sensible
diasbedain	to resound, to blare
cwrtais	polite
sain	sound
gwaeth byth	even worse
syllu	to stare
gwefusau	lips
rhaglenni dogfen	documentaries
nerth	strength
gweiddi ar	to shout at
sawl gwaith	several times
profiad	experience
cyfweliad	interview
holwr	interviewer
gwahanol	different
safon	standard

Dw i'n lwcus. Mae gen i nobyn ar fy set deledu. Dw i'n medru troi'r teledu i ffwrdd os ydw i eisiau.

Dydy pawb ddim mor lwcus. Ydych chi wedi clywed pobl yn sôn am ryw sothach diflas, plentynnaidd, annealladwy, di-chwaeth, ac ati, ac ati, maen nhw wedi'i weld ar y teledu? Wel, taswn i'n meddwl bod rhyw raglen yn sothach, mi faswn i'n medru pwyso'r nobyn i droi'r teledu i ffwrdd. Ond does gan bawb ddim nobyn, mae'n rhaid.

Ydych chi wedi galw i weld rhywun 'di-nobyn' erioed? Mae'n waith caled trio cynnal sgwrs gall pan mae *Blankety-Blank* yn diasbedain trwy'r tŷ. Chwarae teg, mae rhai o'r bobl 'ddi-nobyn' yn ddigon cwrtais i droi'r sain i lawr pan ydych chi'n cyrraedd, ond mae hynny'n waeth byth. Mae pawb yn syllu ar y sgrin i drio darllen y gwefusau, ac mae cynnal sgwrs gall yn hollol amhosib.

'Pwy ydy'r bôr yma?' dw i'n eich clywed chi'n gofyn. 'Rhywun sy'n gwylio dim byd ond rhaglenni dogfen a rhaglenni'r Brifysgol Agored, mae'n siŵr.' Ond na, dw i ddim eisiau dysgu dim byd wrth edrych ar y teledu, dim ond eistedd yn ôl ac ymlacio. Dw i'n mwynhau dramâu, rhaglenni pop (i drio cadw'n ifanc!), a rhaglenni comedi da fel *Alias Smith and Jones, C'mon Midffîld* a *Black Adder*. Ond fy hoff raglenni ydy'r operâu sebon Cymraeg: mae *Dinas* a *Minafon*, yn anffodus, wedi gorffen rŵan, ond mae *Pobol y Cwm* yn dal i fynd o nerth i nerth!

Ar raglenni Radio Cymru bydda i'n gwrando bob bore. Ond achos fy mod i'n gwrando ar y radio ac yn bwyta fy mrecwast ac yn darllen y papur ac yn gweiddi ar y plant, i gyd ar yr un pryd, mae newyddion y bore'n mynd i mewn trwy un glust ac allan trwy'r llall yn syth.

Dim ond unwaith edrychais i ar *deledu* amser brecwast erioed. Y *Weetabix* aeth i mewn i fy nghlust i'r bore hwnnw!

Achos fy mod i'n teithio llawer efo fy ngwaith, dw i'n falch iawn bod gen i radio yn y car. A dweud y gwir, pan ddwedodd dyn y garej bod 'na radio cwadroffonig efo FM (fel fy mod i'n medru gwrando ar Radio Cymru) yn y car, mi brynais i fy nghar presennol heb edrych oedd 'na injan dan y bonet!

Dw i wedi siarad ar y radio fy hun sawl gwaith ac wedi eitha mwynhau'r profiad. Ond mae ymddangos ar y teledu wedi bod yn brofiad ofnadwy i mi bob tro. Mi fues i ar raglen gwis unwaith a cholli'n ofnadwy yn y rownd gynta. Maen nhw'n dweud ei bod hi'n llawer mwy anodd meddwl am atebion call o flaen y camera na gartre ar eich soffa, ac mae'n hollol wir.

Mae hi'n fwy anodd byth pan mae'r holwr yn newid y cwestiynau. Mi wnes i gyfweliad ar *Y Byd ar Bedwar* unwaith. 'Dyma fydd y pedwar cwestiwn,' meddai'r holwr dros y ffôn y diwrnod cynt. 'Dyma fydd y pedwar cwestiwn,' meddai'r holwr bum munud cyn dechrau ffilmio, pedwar cwestiwn hollol wahanol wrth gwrs. Pan ddechreuon nhw ffilmio beth ges i ond pedwar cwestiwn hollol newydd eto! Roedd 'na tua 167 o 'yms' ym mhob ateb!

Y tro arall bues i ar y teledu, roeddwn i'n eistedd nesa at Mrs Thatcher yn stiwdios y BBC yn Llandaf. Mae hon yn stori ddiddorol iawn. Roedd Mrs Thatcher yn dweud. . .Hei! Pwy bwysodd y nobyn 'na rŵan?

WNAETHOCH CHI DDEALL?

- Beth mae'r awdur yn ei wneud pan mae o'n gweld rhaglen nad ydy o'n ei hoffi ar y teledu?
- Pam mae o'n sôn am bobl 'ddinobyn'?
- Pa fath o raglenni teledu mae'r awdur yn eu hoffi?
- Beth sy'n digwydd yn nhŷ'r awdur amser brecwast?
- Pam prynodd yr awdur ei gar presennol?
- Sut brofiadau mae o wedi'u cael wrth ymddangos ar y teledu?
- Mae'r stori am yr awdur a Mrs Thatcher yn hollol wir. Dyfalwch beth oedd yr amgylchiadau.

SGWRSIO

- Ydych chi'n edrych llawer ar y teledu? Pa fath o raglenni dych chi'n eu hoffi/casáu?
- Ydych chi'n gwrando llawer ar y radio? Pa fath o raglenni dych chi'n eu hoffi/casáu?
- Beth dych chi'n ei feddwl o safon rhaglenni y dyddiau hyn?
- Beth dych chi'n ei wneud os oes rhywun yn galw pan ydych chi'n gwylio rhywbeth diddorol ar y teledu?
- Ydych chi wedi bod ar y radio neu'r teledu erioed?

Y CORFF

GEIRFA

dynol	human
rhyfeddol	wonderful
darn	piece
cydweithio	to co-operate
gofal	care
disgyn	to fall
er gwaetha	despite
anhwylder	ailment
ogleuo	to smell
anaml	infrequent, rare
defnydd	use
synnwyr	sense
gwerthfawrogi	to appreciate
serch hynny	even so
ogla (aroglau)	smell
ychwanegol	extra
mellten	lightning bolt
bawd troed	big toe
crafu	to scratch
clyw	hearing
golwg	sight
prawf	test
gwrthod	to refuse
danfon	to see someone off
digrifwch	humour

Mae'r corff dynol yn beiriant rhyfeddol. Miloedd o ddarnau bach, pob un ohonyn nhw yn ei le ac yn cydweithio'n hapus. Efo tipyn o lwc mi fydd y peiriant bach yma'n para am o leia saith deg o flynyddoedd. Tipyn gwell na'r peiriant ffotocopïo sy gynnon ni yn y swyddfa ar hyn o bryd: miloedd o ddarnau bach, dau neu dri ohonyn nhw'n disgyn allan bob tro mae rhywun yn gwneud copi, a'r peiriant yn gwneud mwy o jam mewn wythnos na mae Hartley's yn ei wneud mewn blwyddyn. Er gwaetha'r holl ofal (costus) geith o, mae'n siŵr bydd y peiriant ffotocopïo'n lwmp o sgrap cyn ei bumed pen blwydd.

Ydy wir, mae'r corff yn beiriant rhyfeddol. Dyna pam mae'n gas gen i glywed pobl yn cwyno am ryw anhwylderau bach pan mae ganddyn nhw gymaint o organau perffaith i fod yn ddiolchgar amdanyn nhw – llygaid i weld, clustiau i glywed, bysedd i deimlo, traed i redeg, trwyn i ogleuo (er eich bod chi fel finnau, mae'n siŵr, yn gwybod am rai pobl efo trwynau sy'n rhedeg a thraed sy'n ogleuo!). Anaml iawn y byddwch chi'n clywed pobl anabl yn cwyno. Er eu bod nhw wedi colli defnydd eu coesau neu eu breichiau, maen nhw'n gwerthfawrogi mor lwcus ydyn nhw i fedru defnyddio eu synhwyrau. Mi ddylen ninnau i gyd ddilyn eu hesiampl a gwerthfawrogi'r organau ardderchog sy gynnon ni.

Efallai, serch hynny, bod gan y Cymry le i deimlo'n llai lwcus na'r Saeson. Mae gan y Sais bum synnwyr ond dim ond tri sy gan y Cymro: teimlo, gweld a chlywed! Mae'r Cymro'n clywed *sŵn* wrth gwrs, ond mae o hefyd yn clywed *ogla* ac yn clywed *blas*. Os gwelwch chi Gymro'n stwffio stecen i mewn i'w glust dde, clywed blas ar y cig mae o; os gwelwch chi fwg yn dod o'i glust chwith, mae o'n clywed ogla llosgi. Does dim rhyfedd bod llawer o Saeson (pum synnwyr) yn meddwl bod y Cymry (tri synnwyr) yn bobl ansensitif.

Roedd gan ffrind coleg i mi synnwyr ychwanegol arbennig iawn (Sais oedd o, felly *chweched* synnwyr oedd hwn iddo fo!) Roedd ganddo fo dwll bach ar dop ei ben lle cafodd o ei daro gan fellten pan oedd o'n dringo yn yr Alpau. Roedd ganddo fo dwll hefyd ar flaen bawd ei droed lle aeth trydan y fellten allan o'i gorff. Pan oedd o'n crafu top ei ben, roedd o'n cael pinnau bach ym mawd ei droed. Synnwyr defnyddiol, yntê?

Dw i'n bersonol yn teimlo'n ddiolchgar iawn am y synhwyrau ardderchog sy gen i a fy nheulu i gyd. Serch hynny, rhaid i mi ddweud bod gan fy mhlant broblem fach efo'u clyw – yn od iawn, maen nhw'n clywed geiriau fel 'bwyd' a 'chwarae' a 'pres' yn glir iawn ond yn cael trafferth ofnadwy i glywed 'clirio' a 'distaw' a 'gwely'. Mae gen innau broblem fach efo fy llygaid, gan fy mod i'n fyr fy ngolwg.

Doeddwn i ddim yn gwybod bod gen i broblem nes i mi fynd am brawf meddygol i gael fisa i fynd i Ganada. (Pam rhoion nhw brawf llygaid i mi, dw i ddim yn gwybod – ydyn nhw'n gwrthod gadael pobl sy'n gwisgo sbectol i mewn i Ganada tybed?) Beth bynnag, ers y prawf hwnnw, dw i'n gwisgo sbectol pan fydda i'n gyrru neu'n gwylio'r teledu. Mi ddylwn i fod wedi gwisgo fy sbectol hefyd y tro danfonais i ffrind at y trên a galw mewn tafarn ar y ffordd i'r orsaf. 'Ydy'r cloc yna'n iawn?' gofynnodd fy ffrind i mi ar ôl i ni eistedd yn y gornel. Mi edrychais i i fyny a gweld ei bod hi'n 8.20 'Ydy, am wn i,' atebais i.

Roedd digon o amser felly cyn i'r trên adael am naw.

Chwarter awr wedyn, mi es i at y bar ac edrych i fyny ar y cloc eto wrth basio heibio. Mi ges i dipyn o sioc – doeddwn i ddim wedi bod yn edrych ar y cloc o gwbl. Roeddwn i wedi bod yn edrych. . .ar y ffan!

Roedd y cloc ar y wal arall wedi stopio ar 7.45 ac mi gollodd fy ffrind ei drên! Diolch byth, mae'r synnwyr pwysica ohonyn nhw i gyd gan fy ffrind – synnwyr digrifwch!

WNAETHOCH CHI DDEALL?

- Beth ydy barn yr awdur am y corff dynol?
- Oes gan y Cymry broblem arbennig efo'u synhwyrau?
- Beth ddigwyddodd i ffrind yr awdur yn yr Alpau?
- Pa un o'r synhwyrau wnaeth achosi trafferth arbennig i'r awdur?

SGWRSIO

- Fasech chi'n hoffi newid rhywbeth ynglŷn â'ch corff?
- Sut olwg a chlyw sy gynnoch chi?
- Ydych chi'n nabod rhai pobl sy'n cwyno gormod?
- Ydych chi'n nabod rhywun sy'n medru gwneud rhywbeth anarferol efo'i gorff (er enghraifft symud ei glustiau, rhoi ei draed ar ei ben, ac ati!)?
- Pa un o'ch synhwyrau dych chi'n ei werthfawrogi fwya?

DYSGWYR

GEIRFA

yn ei iawn bwyll	in his right mind
poenydio	to torture
call	sensible
croesdoriad	cross-section
poblogaeth	population
cyfran	proportion
cyffredin	common, average
gweithgar	hard-working
penderfynol	determined
brwd	enthusiastic
llysieuwr	vegetarian
egnïol	energetic
hyd yn oed	even
annerch	to address
gwas priodas	best man
sylweddoli	to realise
amau	to suspect
dirgel	secret
cymeriad	character
llai byth	even less, even fewer
o leia	at least

Does dim llawer o bobl normal yn dysgu Cymraeg. Ydych chi'n synnu? Pa berson normal yn ei iawn bwyll fasai'n mynd i ddosbarth Cymraeg i gael ei boenydio gan athro sadistig? Na, mae pawb call yn mynd i ddosbarthiadau *Kung-fu* neu'n aros gartre i smwddio.

Dw i'n berffaith siŵr bod 'na ddim un grŵp o ddysgwyr (yng Ngwynedd a Chaerdydd beth bynnag) sy'n groesdoriad teg o'r boblogaeth. I ddechrau, mae llawer gormod o ddysgwyr yn darllen y *Guardian*. Hefyd dw i'n siŵr bod cyfran llawer uwch na'r cyffredin o'r dysgwyr
a) ddim yn bwyta cig
b) ddim yn gyrru ceir ond yn beicio neu redeg i bob man
c) ddim yn yfed dim byd ond cwrw 'go-iawn' a *Guinness*.

Yn ffodus, maen nhw hefyd yn bobl arbennig o weithgar a phenderfynol ac yn fwy brwd dros yr iaith Gymraeg na llawer sy'n siarad Cymraeg fel mamiaith. Yn anffodus, mae gan lawer gormod o'r dysgwyr obsesiwn hollol abnormal efo dawnsio gwerin a chaneuon gwirion fel 'Bing Bong Be'!

Dyna pam efallai des i'n ffrindiau mawr efo un dysgwr ddaeth i fy nosbarth yng Nghaerdydd. Roedd ganddo fo ffobia ynglŷn ag unrhyw beth egnïol fel dawnsio gwerin neu redeg; mi fasai fo'n yfed unrhyw beth – *meths, turps*, neu hyd yn oed *Allbright*; ac mi gyrhaeddodd o'r wers gynta efo copi o'r *Sun* yn ei boced. Ddwy flynedd wedyn, roedd y dysgwr yma'n annerch saith deg o Gymry Cymraeg ar Ynys Môn mewn Cymraeg perffaith, fel gwas priodas i mi!

Does gen i ddim byd yn erbyn y math arall o ddysgwr, cofiwch. A dweud y gwir, mae llawer o fy ffrindiau gorau'n ddysgwyr a chyfran uchel ohonyn nhw'n llysieuwyr, yn rhedwyr, yn yfwyr *Guinness*, a/neu'n ddarllenwyr y *Guardian*. Maen nhw hefyd yn bobl frwd a phenderfynol sy'n siarad Cymraeg efo'u teuluoedd, yn eu gwaith ac efo'u ffrindiau ac sy wedi sylweddoli bod rhaid iddyn nhw newid eu bywydau'n llwyr os ydyn nhw eisiau dysgu Cymraeg yn iawn. Ond dw i'n falch o ddweud bod dim un o fy ffrindiau'n mwynhau canu caneuon gwirion. Ond dw i wedi dechrau amau bod un ohonyn nhw'n 'un ohonyn *nhw*'. Ia, Bing-Bongiwr dirgel sy ddim wedi 'dod allan' o'r cwpwrdd eto. . .

Os ydy llawer o'r dysgwyr yn bobl hollol abnormal, o leia maen nhw i gyd yn gymeriadau diddorol. Beth am y ddynes oedd yn mynd i'r dafarn efo'i gŵr bob nos ond yn aros yn y car i ddarllen llyfr gramadeg tra oedd ei gŵr yn yfed? Neu'r tramp oedd yn dod i'r dosbarth bob dydd yn gwisgo wig gwahanol? Neu'r grŵp ddaeth i'r wers un bore i gyd yn gwisgo plastar mawr ar eu pennau...? Dw i'n cyfarfod cannoedd o gymeriadau arbennig trwy fy ngwaith ac mae pob dosbarth newydd yn fwy abnormal na'r un diwetha.

Na, does dim llawer o bobl normal yn dysgu Cymraeg. Ond beth am y broblem efo'r gair 'dysgu' yn Gymraeg: dysgu fel myfyriwr neu ddysgu fel athro? Wel, yma does dim ots. Does dim llawer o bobl normal yn dysgu Cymraeg fel myfyrwyr, ond mae llai byth o bobl normal yn dysgu Cymraeg fel athrawon!

WNAETHOCH CHI DDEALL?

- Yn ôl yr awdur, pa fath o bobl sy'n dysgu Cymraeg?
- Pwy ydy ffrind gorau'r awdur? Beth am ei ffrindiau eraill?
- Pa gymeriadau diddorol mae'r awdur wedi'u cyfarfod mewn dosbarthiadau Cymraeg?
- Yn ôl yr awdur, pa fath o bobl ydy athrawon Cymraeg?

SGWRSIO

- Pa fath o bobl dych chi wedi'u cyfarfod mewn dosbarthiadau Cymraeg? Fasech chi'n dweud eu bod nhw'n bobl normal?
- Ydych chi'n cofio unrhyw gymeriadau arbennig yn eich dosbarthiadau?
- Ydych *chi'*n
  (i) darllen y *Guardian*?
  (ii) llysieuwr?
  (iii) beicio neu redeg llawer?
  (iv) yfed cwrw 'go-iawn' neu *Guinness*?
  (v) mwynhau caneuon fel 'Bing Bong Be'?
- Ydy eich bywyd chi wedi newid ers i chi ddechrau dysgu Cymraeg? Fasech chi'n cytuno bod rhaid i'ch bywyd chi newid yn *llwyr* os ydych chi eisiau dysgu Cymraeg yn iawn?
- Pa fath o bobl ydy'r athrawon sy wedi bod yn eich dysgu chi?

CHWARAEON

G E I R F A

pys slwts	*mushy peas*
cyffrous	*exciting*
chwys	*sweat*
diferu	*to drip*
heini	*fit*
rhwystredigaeth	*frustration*
mantais	*advantage*
cyfeiriad	*direction*
wyneb	*surface*
datblygiad	*development*
penlgliniau	*knees*
camp	*a sport, feat*
awyrgylch	*atmosphere*
sglefrio	*to skate*
corfforol	*physical*
dawn	*talent*
gwefreiddiol	*thrilling*
pencampwriaeth	*championship*
gwe pry cop	*cobweb*
canrif	*century*

Dim ond dau beth dw i wir yn eu casáu. Y cynta ydy pys slwts. Yr ail ydy criced. Roeddwn i'n meddwl bod chwaraeon i fod yn fywiog a chyffrous. Ond beth am griced? Mae mwy o fywyd a chyffro mewn llond sosban o bys slwts.

Ond dyna ni. Mae'n siŵr bod cricedwyr yn methu deall pam dw i'n mwynhau fy nghau fy hun mewn cell am dri-chwarter awr i redeg o gwmpas rhwng pedair wal nes bod fy wyneb i'n goch, goch, fy nghorff i'n ddu-las, y chwys yn diferu, fy nghoesau i fel jeli, tra mae'r boi arall yn edrych fel tasai fo newydd fod yn ysgrifennu llythyr at ei nain. Ia, sboncen ydy'r gêm i mi!

Mae chwarae sboncen yn ffordd ardderchog o gadw'n heini ac o gael pob rhwystredigaeth allan o'ch system. (Dw i'n chwarae ar ôl fy nosbarthiadau Cymraeg fel arfer!) Roeddwn i'n arfer chwarae llawer o dennis hefyd, ond y broblem efo tennis ydy eich bod chi'n gwastraffu cymaint o amser yn nôl y bêl (yn enwedig os ydych chi newydd fod mewn dosbarth Cymraeg!). Pêl-droed, nid rygbi, oedd gêm yr ysgol, ond fues i erioed yn chwaraewr da achos bod gen i ddwy droed chwith. Mae snwcer a dartiau yn dipyn o broblem i mi hefyd achos bod gen i ddwy lygad chwith. Dyna fantais arall efo sboncen: does dim gormod o ots i ba gyfeiriad dych chi'n taro'r bêl. Ia, sboncen ydy'r gêm i mi.

Ches i ddim gwersi sboncen yn yr ysgol wrth gwrs, na gwersi nofio chwaith. Datblygiad modern ydy'r pyllau nofio yn nhrefi bach Cymru, ac mae 'na lawer o bobl o'r wlad wnaeth ddim dysgu nofio pan oedden nhw'n blant. Beth bynnag, mi ddechreuais i ddysgu nofio'n ddiweddar, a fy ngwraig hefyd. Dydy hi ddim yn mwynhau'r profiad o gwbl; mae hi wedi dysgu'n dda ond mae arni hi ofn ofnadwy pan mae hi mewn dŵr sy'n cyrraedd yn uwch na'i phengliniau. Dw i'n mwynhau'r profiad yn fawr, does gen i ddim ofn dŵr o gwbl, ond mae gen i un broblem: dw i ddim yn medru aros ar wyneb y dŵr. A bod yn hollol onest, dw i'n nofio'n fwy tebyg i lwmp o goncrit nag i Mark Spitz. Efallai mai deifio ydy'r gamp i mi.

Ches i ddim gwersi ysgol mewn camp arall dw i'n ei hymarfer weithiau. Camp fywiog, gyffrous, lle bydda i'n rhedeg o gwmpas, fy wyneb yn goch goch, fy nghorff yn ddu-las, y chwys yn diferu, fy nghoesau fel jeli...Ia, dyna chi. Chwilio am docyn i weld un o gêmau rygbi Cymru. A dweud y gwir, nid mewn gwylio'r rygbi mae fy niddordeb i ond mewn blasu awyrgylch arbennig Parc yr Arfau a strydoedd Caerdydd ar ddiwrnod gêm. Mae'n llawer gwell gen i wylio pêl-droed na rygbi fel arfer, ond peidiwch â dweud hynny wrth neb dw i'n ei nabod yn y De!

Dw i'n hoff iawn o wylio tennis ac athletau hefyd, ond efallai mai'r gamp dw i'n ei mwynhau fwya ydy sglefrio ar iâ. Mae'n gamp sy'n galw am ffitrwydd corfforol a dawn artistig hefyd, ac mae perfformiadau sglefrwyr gwefreiddiol fel Witt, Torvill a Dean, a'r Duchesnays, yn aros yn y cof. Mae'n anodd

anghofio perfformiadau Joanne Conway hefyd, Saesnes sy'n cael ei gweld fel 'Gobaith Mawr y Ganrif' yn Lloegr. Bob tro mae hi'n dod at naid fawr mewn pencampwriaeth fawr mae Joanne yn codi i'r awyr fel aderyn...ac yn syrthio, fel llwyaid o bys slwts oer, yn fflat ar y rhew.

Esgusodwch fi am funud... newyddion brys ar y radio...y gêm griced yn Lord's wedi cael ei stopio ...gwe pry cop rhwng y batiwr a'r wiced...

WNAETHOCH CHI DDEALL?

- Pa chwaraeon mae'r awdur yn mwynhau
  (i) eu chwarae?
  (ii) eu gwylio?
- Pa chwaraeon mae o'n eu casáu?
- Ydy o'n nofiwr da? Beth am ei wraig?
- Beth sy'n digwydd ar ddiwrnod gêm ryngwladol yng Nghaerdydd?
- Sut mae
  (i) pys slwts
  (ii) gwe pry cop
  yn codi yn y stori?

SGWRSIO

- Ydych chi'n heini?
- Pa chwaraeon dych chi'n mwynhau
  (i) eu chwarae?
  (ii) eu gwylio?
- Beth roeddech chi'n ei chwarae ers talwm?
- Ydych chi'n medru nofio? Pryd dysgoch chi?
- Ydych chi wedi bod yn gweld gêm ryngwladol erioed?
- Ydych chi wedi bod yn sglefrio erioed?
- Pa chwaraeon dych chi'n eu casáu?

BRO FY MEBYD

G E I R F A

mebyd	childhood, youth
cael a chael	close shave
copa	summit
ymestyn	to stretch
cip	glance
pellter	distance
crwydro	to wander
pobl ddiarth	strangers, visitors
nant	brook
anturiaethau	adventures
argae	dam
diasbedain	to echo, to resound
cylch	circle, area
diweddar	recent
canoloesol	medieval
heidio	to swarm
man gwyn man draw	the grass is greener on the other side

Cael a chael oedd hi! Mi ges i fy ngeni ar ochr mynydd rhyw dair milltir o dre Rhuthun. Chwarter milltir arall, ac mi faswn i wedi cael fy ngeni ar yr ochr arall i Glawdd Offa!

Whiw! Roedd hynna'n agos!

Does dim enw ar y mynydd ar fapiau, ond 'Mynydd Ni' ydy ei enw o i mi! Mae un ochr i'r mynydd yn rhan o dir fferm fy nhad, ac ar hyd copa'r mynydd mae rhan o lwybr Clawdd Offa sy'n rhedeg o Gaswent yn y De i Brestatyn. Os cerddwch chi ar hyd y llwybr ryw ddiwrnod, mi fyddwch chi wedi cyrraedd 'Mynydd Ni' pan welwch chi Ddyffryn Clwyd yn ymestyn o'ch blaen chi a phan gewch chi eich cip cynta ar y môr ryw ugain milltir i ffwrdd yn y pellter. Os bydd hi'n arbennig o glir, mi welwch chi'r rhifau ar y peli bingo ar bromenâd Y Rhyl.

Am le bendigedig i fyw ynddo, meddech chi! Wel ia, efallai, ond fel unig blentyn oedd heb ddiddordeb o gwbl mewn ffermio na natur nac anifeiliaid, doeddwn i ddim yn teimlo fy mod i'n byw mewn lle bendigedig ar y pryd. O edrych yn ôl rŵan, dw i'n sylweddoli mor lwcus oeddwn i i fedru crwydro am filltiroedd a milltiroedd heb boeni am draffig na phobl ddiarth o gwbl. Y pleser mwya i mi ar y pryd oedd chwarae yn 'Yr Afon' fel dyn ni'n galw'r nant fechan sy'n rhedeg drwy dir fy nhad. Yno y digwyddodd anturiaethau mawr fy mhlentyndod – adeiladu argae, gwneud cychod, a chrwydro trwy'r jyngl yn chwilio am Dr Livingstone. Roedd H.M. Stanley'n lwcus – doedd ei fam o ddim yn sgrechian 'Cinio' nes bod ei llais yn diasbedain trwy'r cwm. Roedd pawb am filltiroedd yn gwybod pan oedd cinio'n barod yn ein tŷ ni.

I gyrraedd siopau roedd rhaid mynd i Ruthun, dair milltir i ffwrdd. Hen dre farchnad ydy Rhuthun wedi'i hadeiladu ar fryn ar lan Afon Clwyd. Mae hen eglwys a chastell ar ben y bryn, llawer o adeiladau Tuduraidd ar y sgwâr, a mynyddoedd mewn hanner cylch o gwmpas y dre.

Am le bendigedig i fyw ynddo, meddech chi! Wel ia, efallai, ond doeddwn i ddim yn teimlo fy mod i'n byw mewn lle bendigedig ar y pryd. Roeddwn i wedi cael fy ngeni yn rhy hwyr i fynd i sinema Rhuthun neu i wylio trenau'n dod i'r orsaf; mi ges i fy ngeni'n rhy gynnar i fwynhau pwll nofio neu ddisgo yn y dre. Felly doedd 'na ddim llawer i bobl ifainc Rhuthun ar y pryd.

Doedd 'na ddim llawer yn Rhuthun i dwristiaid tan yn ddiweddar chwaith. Ond ers i'r cyngor benderfynu cynnal diwrnod 'canoloesol' yno bob wythnos trwy'r haf, mae'r twristiaid wedi heidio yno (am ryw reswm). Wrth gwrs, mae'r bobl leol yn cadw'n ddigon pell o'r dre bob dydd Mercher. Ond mi ddigwyddais i anghofio am y jamborî un wythnos a chael sioc ofnadwy pan es i i mewn i'r banc a gweld Anne Boleyn y tu ôl i'r cownter!

Erbyn heddiw dw i'n cael pleser mawr o ymweld ag ardal Rhuthun (ond am ddydd Mercher wrth gwrs). Ond efallai medrwch chi ddeall pam, ar ôl gadael Ysgol Brynhyfryd, Rhuthun, roedd un hogyn bach o'r wlad wedi penderfynu mai coleg yng nghanol dinas Birmingham fasai'r stop nesaf iddo fo.

Man gwyn man draw!

WNAETHOCH CHI DDEALL?

- Pam mae'r awdur yn dweud 'cael a chael oedd hi' ar y dechrau?
- Sut le oedd cartref yr awdur?
- Beth roedd yr awdur yn ei hoffi am ei gartref? Beth doedd o ddim yn ei hoffi?
- Sut le ydy Rhuthun?
- Beth mae'r awdur yn ei hoffi am Ruthun? Beth dydy o ddim yn ei hoffi? Beth doedd o ddim yn ei hoffi am y dre pan oedd o'n ifanc?
- Pam mai Birmingham oedd y 'man gwyn man draw'?

SGWRSIO

- Ydy hi'n well gennych chi fyw yn y wlad neu yn y dre? Pam?
- Pa atgofion sy gennych chi am fro eich mebyd?
- Fyddwch chi'n mynd yn ôl i'r ardal weithiau? Ym mha ffordd mae'r ardal wedi newid?
- Beth ydy'r gwahaniaeth mwya rhwng bro eich mebyd a'r ardal dych chi'n byw ynddi rŵan?
- Ydych chi'n nabod Dyffryn Clwyd? Fasech chi'n hoffi byw yno?

DATHLU

GEIRFA

dathlu	to celebrate
parchus	respectable
nos Galan	New Year's Eve
gwydraid	glassful
estyn am	to reach for
yn slei bach	furtively
llenwi	to fill
llond ceg	mouthful
oen (ŵyn)	lamb(s)
achlysur	occasion
cymdogion	neighbours
gwyllt	wild
meddw	drunken
arwain	to lead
o leia	at least
defaid	sheep
anrheg	gift
er gwaetha	despite
gwastraffu	to waste
tropyn	drop
agwedd	attitude

Mi ges i fy magu mewn cartref parchus iawn. Dim ond unwaith y flwyddyn roedd fy rhieni'n arfer yfed alcohol: ar nos Galan i ddathlu'r flwyddyn newydd. A dim ond *un* gwydraid o 'bort wine' (efo digon o lemon) roedden nhw'n arfer ei yfed, cofiwch. Wedyn mi fyddai'r botel yn mynd yn ôl i ben y silff ucha am flwyddyn arall. Ond tua dechrau mis Mawrth bob blwyddyn, mi fyddai fy nhad yn estyn am y botel yn slei bach a llenwi'r fflasg. Allan â fo wedyn, yn slei bach, i'r sied. Yno mi fyddai fo'n rhoi llond ceg o 'bort'. . .i bob oen bach newydd. Dw i'n dweud wrthoch chi: mae 'na gannoedd o ŵyn bach, un diwrnod oed, yn ardal Rhuthun sy wedi yfed mwy o 'bort wine' nag a ges i erioed.

Dw i'n dathlu'r flwyddyn newydd mewn ffordd dipyn yn wahanol erbyn hyn. Dw i'n byw mewn stryd lle mae 'na barti mewn tŷ gwahanol bob nos Galan ac, yn y partïon yma, mae fy nghymdogion yn newid yn sydyn o fod yn bobl ddistaw, barchus, sidêt, i fod yn bobl wyllt, feddw a hollol wirion. Ar ganol y llawr mi fydd Sister yn Ysbyty Gwynedd yn arwain pawb i ddawnsio'r Conga ac Agadoo a beth bynnag arall sy'n ffasiynol ar y pryd. Wrth gwrs, dw i'n aros yn ddistaw a pharchus a sidêt yn y gornel, ond yna. . .O NA!. . .ddim eto eleni. . .Ia! 'The Birdies' Song'! Mae pawb yn gwybod fy mod i'n casáu'r blwmin record, felly maen nhw'n gwneud yn siŵr 'mod i'n gwneud y ddawns wirion o leia bum gwaith cyn hanner nos. Pan ddaw'r parti i'n tŷ ni, mi fydd 'na nodyn ar y drws yn dweud 'Dim Birdies'. Ddaw Mam a Dad ddim i'r parti meddw yma wrth gwrs, ond efallai daw un neu ddwy o'r defaid. . .

Os ydy dathlu'r flwyddyn newydd wedi newid, mae'r Nadolig wedi aros yn debyg iawn. Ers talwm, dim ond fy mam, fy nhad a fi; rŵan dim ond fy ngwraig, fy mhlant a fi; yn treulio diwrnod distaw, preifat efo'n gilydd; agor anrhegion yn y bore, bwyta cinio ardderchog, mynd am dro yn haul y prynhawn, gwylio'r teledu gyda'r nos. Er gwaetha'r hwyl mewn partïon nos Galan, dw i bob amser yn teimlo bod 'na rywbeth digalon iawn ynglŷn â diwedd blwyddyn. Ond mae'r Nadolig bob amser yn ddiwrnod hapus dros ben.

Erbyn i chi gyrraedd fy oed i, mae 'na rywbeth digalon iawn ynglŷn â dathlu pen blwydd hefyd, ond mae'r plant wrth gwrs bob amser yn edrych ymlaen at y parti nesa. Erbyn hyn, mae gen i *dri* o blant sy eisiau *tri* pharti pen blwydd yr *un*: un i fy nheulu i, un i deulu fy ngwraig ac un i gannoedd (wel, dwsin efallai) o blant swnllyd, gwyllt a gwirion. Mae jeli'n dod allan o'n clustiau ni erbyn y diwedd.

O leia mae'n bosib cadw llygad ar y plant pan maen nhw'n ifanc. Beth fydd yn digwydd pan fyddan nhw'n dechrau mynd allan i ddathlu? Dw i'n cofio dathlu fy mhen blwydd yn 28 mlwydd oed efo noson hwyr iawn mewn clwb yng Nghaerdydd a chael tacsi adre i Bontypridd ar gost o saith bunt. Mi aeth fy ngwraig yn wyllt efo fi am wastraffu cymaint o bres ar dacsi. Y tro nesa es i allan felly (i ddathlu fy mhen blwydd yn 28 a 7 diwrnod) mi wnes i'n siŵr fy mod i'n dal y trên olaf adre. Yn anffodus, mi es i i gysgu ar y trên. Ddeffrais i ddim nes i'r trên gyrraedd pen y lein, yn Nhreherbert! Roedd rhaid i mi dalu tair punt am y tocyn trên i Dreherbert, ac wyth bunt am y tacsi o Dreherbert i Bontypridd!

Tybed a oes rhaid i ddefaid aros i mewn am *chwe* wythnos pan maen nhw wedi cael tropyn bach gormod o 'bort wine'?

WNAETHOCH CHI DDEALL?

- Pwy oedd yn yfed fwya yng nghartre'r awdur pan oedd o'n blentyn?
- Beth sy'n digwydd ar nos Galan y dyddiau hyn?
- Sut mae'r awdur yn dathlu'r Nadolig?
- Sut mae ei blant yn dathlu eu pen blwydd?
- Beth ddigwyddodd pan fuodd yr awdur allan:
  - (i) ar noson ei ben blwydd yn 28 oed?
  - (ii) yr wythnos wedyn?

SGWRSIO

- Sut byddwch chi'n dathlu
  - (i) y Nadolig?
  - (ii) y Flwyddyn Newydd?
  - (iii) pen blwyddi'r teulu?
- Sut roeddech chi'n dathlu'r achlysuron hyn ers talwm?
- Oes 'na bartïon yn eich stryd chi weithiau?
- Beth ydy/oedd agwedd eich rhieni at alcohol?
- Ydych chi'n mwynhau dawnsio? I ba fath o gerddoriaeth?

CWYNO

Peidiwch byth â phrynu dim byd yn siopau Dixie's, os gwelwch chi'n dda. Byth! Cofiwch yr arwyddair yma: 'Dixie's? Dim Diolch!'

Wnewch chi ddim credu faint o bleser mae gweld y paragraff uchod mewn print yn ei roi i mi. Ond os ydych chithau wedi cael gwasanaeth gwael, mor wael fel eich bod chi'n teimlo fel picedu'r siop, mi fyddwch chi'n deall fy nheimladau am Dixie's yn iawn. Cofiwch yr arwyddair 'na: 'Dixie's? Dim Diolch!'

Beth sy gen i yn erbyn Dixie's, meddech chi? I dorri stori hir yn fyr: deunaw modfedd! Roeddwn i wedi prynu *Stack System* ddigon drud yno ond, pan ddaeth y peiriannydd â hi i'r tŷ, roedd un wifren ddeunaw modfedd ar goll. Roedd rhaid i mi nôl y wifren o'r siop a'i gosod hi fy hun, ond roeddwn i'n siŵr wedyn bod 'na ryw nam ar y system. Dyma ddechrau'r ddadl fawr! Roedd pobl y siop yn gwrthod credu bod dim byd yn bod. Roeddwn i'n bendant y dylai'r peiriannydd ddod yn ôl i archwilio'r system. Taswn i eisiau i'r peiriannydd edrych arni, meddai'r rheolwr, mi fasai rhaid i mi gario'r system gyfan yn ôl i'r siop. Dw i'n berson amyneddgar iawn, cwrtais iawn, swil iawn, ond mi gafodd cwsmeriaid Dixie's Caerdydd y pleser o fy nghlywed i'n gweiddi! Yn y diwedd mi gytunodd y rheolwr i anfon peiriannydd i'r tŷ. Aeth mis heibio – dim sôn am beiriannydd. Yn ôl â fi i'r siop i weiddi mwy. *Dri* mis wedyn, mi ddaeth y peiriannydd. Mi welodd o fod rhywbeth mawr yn bod (diolch byth, a finnau wedi codi cymaint o dwrw!) ac mi gafodd y peiriant ei drwsio. A dyna i chi hanes lansio'r arwyddair byd-enwog: 'Dixie's? Dim Diolch!'

Fel dw i wedi dweud uchod, dw i'n berson amyneddgar, cwrtais a swil tu hwnt ac mae'n gas gen i godi twrw mewn siopau a thai bwyta. Mae cwyno ar y ffôn yn waeth byth. Mae'n llawer gwell gen i ysgrifennu fy nghwyn. Dw i'n feistr ar ysgrifennu llythyrau blin a sarcastig, ac mae'r Bwrdd Nwy, sawl garej a fy manc wedi teimlo min fy meiro'n ddiweddar. Ond efallai mai'r un gafodd y llythyr mwya sarcastig oedd Siôn Corn. . .

Roedd fy hogan fach dair oed wedi anfon llythyr at yr hen Santa yn Gymraeg ac wedi cael cerdyn yn ôl oddi wrtho fo. . .yn Saesneg! Mi anfonais i'r cerdyn yn ôl efo clamp o lythyr yn dweud nad oedd fy merch yn medru darllen Saesneg. (Doedd hi ddim yn medru darllen Cymraeg chwaith ar y pryd, ond nid dyna'r pwynt!) Mi es i ymlaen i ddweud y basai ateb yn iaith Lapland, mamiaith Santa, wedi bod yn fwy rhesymol a derbyniol nag ateb yn Saesneg. Mi anfonais i'r llythyr at Siôn Corn, Gwlad yr Iâ, wythnos cyn y Nadolig. Ym mis Chwefror, mi ysgrifennais i at Reolwr Swyddfa'r Post i gwyno nad oeddwn i wedi cael ateb i fy nghwyn. Mi atebodd y rheolwr yn syth gan ddweud nad oedd o wedi derbyn fy llythyr cyntaf, yn ymddiheuro'n fawr am y camgymeriad, yn amgáu cerdyn Cymraeg oddi wrth Siôn Corn, ac yn gofyn at bwy roeddwn i wedi anfon fy llythyr dyddiedig 18 Rhagfyr! Roedd rhaid i mi ysgrifennu'n ôl i ddweud mai 'Siôn Corn, Gwlad yr Iâ' oedd ar yr amlen!

Rhaid i mi *dderbyn* llythyrau sarcastig weithiau hefyd. 'Mae'n hollol amlwg,' meddai un gyn-ddysgwraig, yn Saesneg wrth gwrs, 'eich bod chi wedi ysgrifennu eich

cwrs yn arbennig i barhau'r myth bod yr iaith Gymraeg yn amhosib ei dysgu.' Beth bynnag am hynny, mae 'na un frawddeg Gymraeg sy'n ddigon hawdd ei dysgu. Defnyddiwch hi bob dydd: 'Dixie's? Dim Diolch!' Eto: 'Dixie's? Dim Diolch!' Eto. . .

FFILMIAU

Mae gen i ddiddordeb mawr mewn ffilmiau. Dw i ddim wedi bod yn y sinema ers o leiaf bum mlynedd; fydda i byth yn llogi ffilmiau o achos un broblem fawr – does gen i ddim fideo; fydda i braidd byth yn gwylio ffilmiau ar y teledu chwaith – rhyw dair neu bedair ffilm y flwyddyn ar y mwyaf. Ond oes, mae gen i ddiddordeb mawr mewn ffilmiau, er fy mod i byth, am ryw reswm, yn mynd i'w gweld nhw. Does dim rhyfedd bod cymaint o sinemâu yn cau.

Dim ond dyrnaid o ffilmiau dw i wedi'u gweld felly. Ceisiwch ddyfalu enw un ohonyn nhw. . .*Jaws*? *Star Wars*? *Rocky*? Na, dw i'n ymfalchïo yn y ffaith fy mod i *ddim* wedi gweld ffilmiau gor-boblogaidd fel yna. A! meddech chi, snob sinematig ydy hwn, sy'n sôn am gyfarwyddwyr fel Fellini a Bergman mewn partïon crachaidd. Na, anghywir eto! Ffilmiau James Bond? Wel, mi welais i hanner *Live and Let Die*. Mae pawb wedi gweld *The Sound of Music*, on'd ydy? Wel, roedd y pum munud cyntaf ar y teledu ryw Nadolig yn ddigon i mi. *Casablanca*? Cyn fy amser i! Ffilmiau John Wayne? Fedra i ddim dioddef ffilmiau cowboi. *War and Peace*? Braidd yn hir. . .

Gwell i mi enwi rhai ffilmiau dw i wedi'u gweld neu mi fyddwch chi am byth yn ceisio dyfalu. Dw i'n cofio mwynhau *The Sting* yn fawr. Roedd y ffilm wedi dal awyrgylch y cyfnod yn effeithiol iawn ac roedd 'na dro annisgwyl yn y gynffon. Dw i'n hoff iawn o ffilmiau sy'n gorffen yn annisgwyl: roedd y ffilm arswyd *Carrie* yn enghraifft wych arall. Ym maes ffilmiau cerddorol, fedrwch chi ddim curo *Cabaret*, stori serch syml sy hefyd yn portreadu twf Natsïaeth yn yr Almaen yn y tridegau. Mae awyrgylch y clwb nos a'r gerddoriaeth yn arbennig o effeithiol. Y gomedi orau dw i wedi'i gweld ydy *Airplane*. Fedra i ddim diodde ffilmiau am drychinebau fel *Towering Inferno* ac *Earthquake*, ond roedd y sbŵf (hen air Celtaidd!) yma ar ffilmiau fel *Airport '77* yn ddigrif dros ben. Welwch chi ddim gwell ffilm goch (*glas* ydy'r ffilmiau yma yn Saesneg am ryw reswm!) na *Flesh Gordon*, sbŵff fendigedig arall, ar gartwnau *Flash Gordon*. A'r ffilm orau ohonyn nhw i gyd efallai, achos ei bod hi'n cymysgu'r digrif a'r difrif mor effeithiol, oedd *One*

Flew Over The Cuckoo's Nest. Roedd perfformiad Jack Nicholson fel claf mewn ysbyty seiciatrig yn wir ardderchog.

Dw i ddim wedi gweld drama Saesneg yn y theatr ers o leiaf ddeng mlynedd (dim ond ers *pum* mlynedd dw i wedi peidio â mynd i'r sinema!). Ond dw i wedi bod yn gweld dramâu Cymraeg yn gyson ar hyd y blynyddoedd, gyda rifiws Theatr Bara Caws yn arbennig o gofiadwy. Mae'n debyg bod y diwydiant ffilmiau Cymraeg ar fin tyfu'n boblogaidd iawn hefyd, efo ffilmiau fel *Rhosyn a Rhith, Y Milwr Bychan, Yr Alcoholig Llon, Un Nos Ola Leuad* a *Hedd Wyn* yn ennill gwobrau rhyngwladol ac YN DOD YN FUAN I'CH SINEMA CHI! Efallai y dechreua i fynd i'r sinema'n gyson eto rŵan felly. Ydyn nhw'n dal i werthu popcorn a *raspberry ripple* mewn twb mewn sinemâu, dwedwch? Gobeithio wir!

WNAETHOCH CHI DDEALL?

- Pa mor aml mae'r awdur yn mynd i'r sinema?
- Ydy'r awdur yn hoffi ffilmiau fel:
  (i) *Jaws*?
  (ii) ffilmiau Bergman?
  (iii) ffilmiau James Bond?
  (iv) *The Sound of Music*?
  (v) *Towering Inferno*?
- Enwch rai o'r ffilmiau mae'r awdur wedi'u mwynhau.
- Pa mor aml mae'r awdur yn mynd i'r theatr?
- Pam bydd yr awdur, o bosib, yn mynd i'r sinema'n amlach o hyn ymlaen?

SGWRSIO

- Ydych chi'n gwylio ffilmiau'n aml? Ydych chi'n mynd i'r sinema cymaint ag yr oeddech chi?
- Pa fath o ffilmiau dych chi'n eu hoffi? Pa fath o ffilmiau dych chi ddim yn hoff ohonyn nhw?
- Pa un, fasech chi'n dweud, yw eich hoff ffilm?
- Pa mor aml dych chi'n mynd i'r theatr?
- Ydych chi wedi gweld unrhyw ffilm neu ddrama Gymraeg?

EMBARAS

Pam roedd rhaid i'r Cymry fenthyg y gair *embaras* o'r Saesneg tybed? Doedd y Cymry erioed wedi bod mewn sefyllfaoedd *embarrassing* tan iddyn nhw gyfarfod â'r Saeson?

Beth bynnag, mae embaras yn beth cyfarwydd iawn i mi: dw i'n cochi dim ond wrth feddwl am y ffrae fawr wrth gownter caws siop *Littlewoods*, am fynd yn sownd ym mhabell merch o Lydaw yn Eisteddfod Aberteifi, am y dosbarth Cymraeg cynta ddysgais i erioed a gwraig i ficer yn dweud 'I'm barren, love' pan ofynnais i oedd ganddi hi blant. Ond efallai mai byd 'cerddoriaeth' (mewn dyfynodau, sylwch) sy wedi achosi fwya o embaras i mi trwy'r blynyddoedd.

Cymerwch gystadleuaeth y grŵp pop yn eisteddfod yr ysgol. Bob blwyddyn roedd parti recorders yn ennill efo un o ganeuon mwya *avant-garde* Herman's Hermits. Ond, un flwyddyn, mi benderfynodd tri ohonon ni ysgwyd yr eisteddfod efo fersiwn arbrofol o 'Norwegian Wood', y Beatles: fi ar y piano, Ann ar y fiola a Nick ar y gitâr drydan. Ia, gitâr drydan yn eisteddfod yr ysgol: arswydus! Ond mwy arswydus

byth: pan ddechreuon ni chwarae, roedd y gitâr allan o diwn a'r sŵn mor ofnadwy fel bod rhywun wedi tynnu plwg Nick a chau'r llenni gan fy ngadael i ar flaen y llwyfan yn dal i blinceti-ploncio fy ffordd trwy 'Norwegian Wood' ar fy mhen fy hun. Y parti recorders enillodd unwaith eto. . .

Ar ôl gadael y coleg, mi ymunais i â chôr, ac anghofia i byth un cyngerdd arbennig yng nghapel Meinciau ger Llanelli. Roedd dysgwr roeddwn i wedi'i berswadio i ymuno â'r côr i ymarfer ei Gymraeg yn perfformio efo ni am y tro cynta y noson honno. Uchafbwynt y cyngerdd oedd yr anthem ddeinamig 'Llawenhewch yn yr lôr'. Ond rhwng yr ail a'r trydydd pennill, dyma'r dysgwr yn dechrau canu rhywbeth hollol wahanol ar ei ben ei hun! Mi gafodd bwniad gan y tenor nesa ato fo, ond stopiodd o ddim. Mi gafodd bwniad arall, ac un arall. . .Erbyn i weddill y côr ddechrau canu'r trydydd pennill, roedd y tenor a'r dysgwr wedi dechrau ymladd. Roedd rhaid i dri ohonon ni gario'r dysgwr allan, yn cicio ac yn gweiddi, trwy ganol y capel tra oedd gweddill y côr yn canu 'Llawenhewch yn yr Iôr, Amen, Amen. . .'

Erbyn hyn, mae gen i biano gartre, ond o barch at glustiau'r bobl drws nesa, mi fydda i bob amser yn defnyddio'r pedal tawel pan fydda i'n ymarfer. Beth bynnag, mi symudodd ein cymdogion ni allan yn ddiweddar (dim cysylltiad efo'r piano, wrth gwrs!) a gwerthu'r tŷ i Saeson. Doedd y bobl newydd ddim i fod i symud i mewn tan ryw bedwar diwrnod ar ôl i'r hen gymdogion adael ac, fel mae'n digwydd, yn ystod yr wythnos, roeddwn i i fod i ganu'r piano mewn noson o ganu i ddysgwyr. Mi feddyliais i efallai basai pawb eisiau canu 'Hen Wlad fy Nhadau' ar ddiwedd y noson, ond doedd gen i ddim copi o'r gerddoriaeth. Felly dyma fi'n dechrau dysgu'r nodau efo fy nghlust. Wel, mi fues i'n canu'r anthem drosodd a throsodd a throsodd i wneud yn siŵr bod y nodau'n iawn. Ac achos bod drws nesa'n wag, wel, roeddwn i'n medru bangio a drymio a thympio'r piano gymaint ag yr oeddwn i eisiau. Ond heb yn wybod i mi, roedd ein cymdogion newydd wedi galw heibio, ac ar eu noson gynta

yn eu tŷ newydd y drws nesa i'r 'Welsh Fanatics', mi gawson nhw'r pleser o glywed 'Hen Wlad fy Nhadau' yn cael ei chanu, ei drymio a'i thympio'n ddi-stop trwy'r nos. . .

Dydy geiriau fel 'teimlo'n annifyr' neu 'cywilydd' ddim yn taro deuddeg rhywsut. Dim ond 'embaras' wneith y tro.

WNAETHOCH CHI DDEALL?

- Beth ddigwyddodd yn eisteddfod yr ysgol?
- Beth ddigwyddodd yn y cyngerdd ym Meinciau?
- Pam roedd y bobl drws nesa'n meddwl bod yr awdur yn ffanatig?
- Beth ydy'r gair Cymraeg am *embarrassment*?

SGWRSIO

- Ydych chi'n cochi'n hawdd?
- Ydych chi wedi bod mewn sefyllfa *embarrassing*?
- Pam nad oes 'na air Cymraeg da am embaras, dych chi'n meddwl?

LLE ARBENNIG

GEIRFA

diawlio	to curse
goleuadau	lights
diamynedd	impatient
o fewn	within
Canolbarth Cymru	Mid-Wales
bodlon fy myd	contented
rhyfeddol	marvellous
rhyfeddu	to marvel
rhyfeddod	marvel
gwahaniaeth	difference
yn y pen draw	at the far end, in the long run
arwydd	sign
pwyll	care
lembo	prat
bwlch	gap, pass
cwm	valley
syllu	to stare
ochr	side
serth	steep
tywyll	dark
tywyllwch	darkness
cymylau	clouds
unig	lonely
golwg	sight
pry'	fly
llwyfan	stage
canu corn	to sound a horn
disglair	shining
gobaith	hope
uffar (uffern)	hell

Mi fydda i'n diawlio goleuadau traffig! Mae'n gas gen i aros am ddim byd, ond mae aros wrth olau coch yn mynd ar fy nerfau i'n fwy na dim byd arall. Mi fydda i'n refio'r car yn ddiamynedd fel taswn i ar grid Brands Hatch.

Sut bydda i'n teimlo felly, pan fydda i'n dod at *dair* set o oleuadau sy o fewch chwarter milltir i'w gilydd yng Nghanolbarth Cymru? Fydda i'n neidio allan o'r car a rhoi cic i bob golau coch? Na, eistedd yn ôl bydda i, fel taswn i newydd danio sigâr Hamlet, yn dawel fy meddwl, yn fodlon fy myd.

Ble mae'r goleuadau rhyfeddol yma? Wrth yrru o Ddolgellau i Fachynlleth, mi fedrwch chi droi ar y dde wrth Cross Foxes a phasio trwy Gorris neu fynd yn syth ymlaen ar yr A470 trwy Ddinas Mawddwy. Mae'r ffordd trwy Gorris yn fyrrach, ond mae'r llall yn well ffordd, felly does 'na ddim llawer o wahaniaeth pa un ddewiswch chi yn y pen draw. Mi fydda i, fel arfer, yn dewis mynd trwy Gorris, ond yn syth ar ôl troi oddi ar yr A470, mi welwch chi arwydd mawr yn dweud 'PWYLL! TAIR SET O OLEUADAU TRAFFIG O'CH BLAEN'.

Dw i'n dechrau diawlio'n syth: 'Pam na roion nhw'r blwmin arwydd ar y briffordd, i ni gael ei weld cyn troi i ffwrdd? Y ffyliaid! Y lembos! Y. . .'. Yn sydyn, mae'r ffordd yn mynd trwy fwlch rhwng y mynyddoedd a dyn ni ar ben ucha'r cwm mwya bendigedig dan yr haul. Ac yno, o'n blaenau ni, diolch byth, mae 'na olau coch!

Mae rhaid stopio, i syllu a rhyfeddu. Mae'r cwm ar siâp V, a'i ochrau'n syth, serth ac uchel. Y cwm mwya bendigedig dan yr haul, ddywedais i? Fydd y cwm byth yn gweld yr haul. Mae'r mynyddoedd mawr, tywyll yn cyrraedd y cymylau.

Mae'r golau wedi troi'n wyrdd a'r gyrrwr y tu ôl i mi'n refio ei gar yn ddiamynedd. Mae'r ffordd yn mynd â ni i lawr yn is, a'r mynyddoedd o'n cwmpas ni fel tasen nhw'n mynd yn uwch ac yn dywyllach. Golau coch arall! Mae ffermdy unig wedi dod i'r golwg, fel pry' ar wal. Sut mae neb yn medru byw mewn lle fel hwn? Yna edrych yn syth ymlaen a gweld . . . rhyfeddod! Llyn Tal-y-llyn, ym mhen draw'r cwm, mewn môr o haul. Mae fel tasen ni mewn theatr: ni'n eistedd yn y tywyllwch a'r llwyfan yn llawn golau.

Golau gwyrdd eto, a'r gyrrwr y tu ôl yn canu ei gorn. Mynd yn is eto a'r cwm yn agor o'n blaenau ni. Golau coch arall! Cyfle i syllu ar y llyn disglair efo'r caeau gwyrdd a'r ffermdai gwynion o'i gwmpas o. Mae'r tywyllwch wedi mynd o'r golwg y tu ôl i ni, ac mae 'na ryw olau clir, tawel, bendigedig o'n cwmpas ni ym mhob man.

Y tro diwetha es i i'r De, roedd 'na oleuadau ac uffar o giw yn y Felinheli, goleuadau ac uffar o giw yng Ngarn Dolbenmaen, uffar o giw dros y Cob ym Mhorthmadog, a mwy o blwmin goleuadau ac uffar o giw rhwng Trawsfynydd a Dolgellau. Ar ôl rhyw dair awr a hanner ar y ffordd, mi gyrhaeddais i Cross Foxes a throi i'r dde. 'PWYLL! TAIR SET O OLEUADAU O'CH BLAEN,' meddai'r arwydd. 'X_X!?XX,' meddwn i.

Ond mi gofiais i'n sydyn am y cwm rhyfeddol o fy mlaen i a dechrau ymlacio. Ond pan ddes i trwy'r bwlch, mi ges i sioc. Roedd y goleuadau wedi mynd!

Ar ôl blynyddoedd ar flynyddoedd, roedd y gwaith wedi'i orffen o'r diwedd a'r ffordd yn glir. Am y tro cyntaf i mi gofio, roedd 'na niwl tew dros Lyn Tal-y-llyn y diwrnod hwnnw.

WNAETHOCH CHI DDEALL?

- Beth sy'n mynd ar nerfau'r awdur?
- Pam mae ardal Tal-y-llyn yn wahanol?
- Disgrifiwch y cwm.
- Beth oedd wedi digwydd pan aeth yr awdur yno'r tro diwetha?

SGWRSIO

- Pa bethau sy'n mynd ar eich nerfau chi?
- Ydych chi'n nabod Canolbarth Cymru?
- Oes 'na le arbennig sy'n gwneud i chi deimlo'n dawel eich meddwl ac yn fodlon eich byd?

PRIODI

GEIRFA

priodas	marriage, wedding
codi twrw	to create a fuss
chwalu	to break up
ysgariad	divorce
achlysur	occasion
fframwaith	framework
gollwng	to release
awyrgylch	atmosphere
bedydd	baptism
angladd	funeral
urddas	dignity
ystlyswr	usher
rhuthro	to rush
priodfab	groom
priodferch	bride
gwas priodas	best man
morwyn briodas	bridesmaid
sylweddoli	to realise
derbyniad	reception
araith (areithiau)	speech(es)
Tŷ'r Cyffredin	House of Commons
mewn chwinciad	in a trice
haid	swarm
o ddifri	seriously
mis mêl	honeymoon
chwipio	to whip

Pam mae pobl yn priodi, dwedwch? Mae rhai yn dewis priodas fawr a chrand, ac mi fydd y teulu i gyd wedi cracio o dan y straen ymhell cyn y diwrnod mawr. Mae eraill yn dewis priodas ddistaw ac mi fydd y teulu i gyd yn codi twrw achos eu bod nhw ddim wedi cael priodas fawr. A beth sy'n digwydd ar ôl yr holl dwrw a thrafferth? Mae un o bob tair priodas yn chwalu a'r ddau a achosodd yr holl dwrw yn y lle cyntaf yn cael ysgariad. Ia, pam *mae* pobl yn priodi, dwedwch?

'Pwy ydy'r sinic yma?' dw i'n eich clywed chi'n gofyn. A dweud y gwir dw i ddim mor sinicaidd ag yr ydw i'n swnio. Dw i'n gweld priodas yn debyg iawn i achlysuron teuluol eraill fel bedydd neu angladd. Mae'r tri achlysur yn nodi newid mawr yn fframwaith y teulu. Mae pawb yn dod at ei gilydd i fynd drwy seremoni lawn o emosiwn a thensiwn, ac yna'n gollwng y tensiwn dros lond bwrdd o fwyd. Ewch i'r te sy'n dilyn angladd yng Nghymru ac yna i frecwast priodas ac mi fydd yr awyrgylch bron yn union yr un fath. Y prif wahaniaeth welwch chi fydd lliw'r dillad. Mi fydd

llawer mwy o ddillad du i'w gweld . . . yn y briodas!

'Dyma fo'r sinic eto!' meddech chi. Na, wir rŵan, dw i'n meddwl bod 'na urddas arbennig mewn seremoni briodas. Er, rhaid i mi ddweud nad oedd 'na lawer o urddas yn fy mhriodas i fy hun. Tua chwarter awr cyn y briodas, roeddwn i a fy nheulu yn cael paned yn y Festri. Yn sydyn, dyma'r ystlyswr yn rhuthro i mewn i ddweud bod y briodferch wedi cyrraedd. Dyma fi, a'r gwas priodas, efo'r teulu i gyd y tu ôl i ni, yn rhuthro i mewn i'r capel fel ceffylau rodeo. Ar ôl tipyn, mi sylweddolon ni mai chwaer fy ngwraig oedd wedi cyrraedd. Ddaeth y briodferch ei hun ddim am hanner awr arall!

Er gwaetha'r degau o areithiau a'r jôcs gwan, mae 'na awyrgylch arbennig mewn brecwast priodas hefyd. Y briodas fwyaf diddorol bues i ynddi erioed oedd priodas rhwng Cymro a Saesnes mewn capel Cymraeg yn Llundain. Roedd 'na 'dderbyniad siampên' yn Nhŷ'r Cyffredin wedyn ac ar y ffordd i mewn, y cwestiwn roedd y Cymry i gyd yn ei ofyn oedd: 'Oes 'na fwyd yma, neu dim ond siampên?' Ar ôl cyrraedd y teras, mi gawson ni'r

- Pam mae'r awdur yn swnio'n sinicaidd ynglŷn â phriodas?
- Pam nad oedd llawer o urddas ym mhriodas yr awdur?
- Ym mha ffordd roedd y Cymry a'r Saeson yn wahanol yn y briodas yn Llundain?

SGWRSIO

- Ydych chi wedi bod mewn llawer o briodasau?
- Sut briodas gawsoch chi/basech chi'n ei hoffi?
- Pam mae llawer mwy o bobl yn cael ysgariad y dyddiau yma?
- Oes pwynt priodi?

ateb: dim ond siampên! Roedd y Cymry mewn sioc! Ond ar ôl tipyn, dyma blatiau o bethau bach crand fel cafiâr yn cyrraedd. Wwwsh! Mewn chwinciad roedd y Cymry wedi clirio'r platiau fel haid o locustiaid. Erbyn i'r Saeson crand stopio sipian eu siampên yn soffistigedig ac estyn am fisgeden fach doedd dim byd ar ôl. Does dim un Cymro yn dod adre o briodas heb gael llond ei fol o fwyd!

O ddifri rŵan, dw i ddim yn sinicaidd am briodas o gwbl. Diwrnod fy mhriodas oedd diwrnod hapusa fy mywyd a dw i'n siŵr mai priodi oedd y peth gorau wnes i erioed. Dw i wedi mwynhau pob munud o'r un deg saith mlynedd diwetha – wps, sori, dim ond saith mlynedd sy 'na – pob munud o'r saith mlynedd diwetha, ac mae pob mis wedi bod fel mis mêl.

Dyna ti, cariad. Dw i wedi ei ddweud o. Wnei di stopio fy chwipio i rŵan. . .*plîs*?

CWSG

G E I R F A

grisiau	stairs
ei chael hi'n anodd	to find it difficult
effro	awake
gobennydd	pillow
gwahanol	different
ysgwyd	to shake
ymateb	to respond
gweiddi	to shout
cysglyd	sleepy
esgus	excuse
chwyrnu	to snore
troi a throsi	to toss and turn
breuddwydio	to dream
breuddwyd(ion)	dream(s)
rhannu	to share
sylweddoli	to realise
hurt	stunned, open mouthed
mynnu	to insist
syrthio	to fall
taro	to hit
ar ein pennau ni	on top of us
gwthio	to push
amddiffyn (rhag)	to protect, to defend (against)
gorwedd	to lie down

Dw i wrth fy modd yn codi yn y bore! Dw i'n neidio allan o'r gwely tua saith a dawnsio i lawr y grisiau gan edrych ymlaen at ddiwrnod prysur arall. Ond dw i'n ei chael hi'n anodd cadw'n effro ar ôl tua deg y nos, a chyn i fy mhen gyrraedd y gobennydd mi fydda i'n cysgu'n drwm fel mochyn.

Mae fy ngwraig yn hollol wahanol. Aderyn y nos ydy hi. Yn y bore dydy hi byth yn clywed y cloc-larwm. Dw i'n ei hysgwyd hi ond does 'na ddim ymateb. Dw i'n gweiddi 'Tân!' 'Ffonia 999 'te,' medd y llais cysglyd o dan y blancedi.

Esgus fy ngwraig ydy fy mod i'n ei chadw hi'n effro trwy'r nos. Mae hi'n dweud fy mod i'n chwyrnu, yn troi a throsi, yn siarad yn fy nghwsg (Am beth? Dyna sy'n fy mhoeni i.) ac yn cerdded yn fy nghwsg. Fi? Amhosib! Breuddwydio mae hi, dw i'n siŵr. Wel, dw i bron yn siŵr. . .

Unwaith, roeddwn i'n rhannu ystafell efo rhyw Sais ar gwrs penwythnos. Mi ddeffrais i ganol nos a dyna lle roeddwn i'n sefyll wrth y ffenest yn gweiddi, yn Gymraeg, 'Mae'r glaw'n dod i mewn!' Yna mi sylweddolais i bod y ffenest ar gau, ei bod hi ddim yn bwrw glaw beth bynnag, a bod y Sais yn edrych arna i'n hurt. '*I thought the rain was coming in,*' meddwn i'n ddiniwed a mynd yn ôl i'r gwely'n gyflym cyn iddo fo ddechrau gofyn cwestiynau.

Dro arall, pan oeddwn i'n aros mewn gwesty yn Llundain, mi godais i yn fy nghwsg a cherdded i mewn i'r cwpwrdd. Diolch byth, mi wnaeth sŵn yr *hangers* fy neffro i cyn i mi ddefnyddio'r cwpwrdd fel tŷ bach!

Pan gysgon ni mewn gwelyau bync unwaith, mi fynnodd fy ngwraig fy mod i'n cymryd y bync isaf rhag ofn i mi godi yn fy nghwsg a syrthio allan o'r gwely uchaf. Ganol nos, mi eisteddais i i fyny'n sydyn a tharo fy mhen! Roedd gen i lygad ddu ofnadwy y bore wedyn.

Noson arall, rhaid fy mod i'n breuddwydio bod coeden yn mynd i syrthio ar ein pennau ni. Mi wthiais i fy ngwraig o'r ffordd a neidio ar ei phen hi i'w hamddiffyn hi. Pan ddeffrais i, roeddwn i'n gorwedd ar ben fy ngwraig ar y llawr wrth ochr y gwely efo'r blancedi droston ni. On'd ydy fy ngwraig yn lwcus bod ei gŵr yn ei hamddiffyn hi rhag coed peryglus?

Dw i byth yn cofio unrhyw freuddwyd ar ôl i mi ddeffro, ond

mae rhai pobl, medden nhw, yn rhag-weld digwyddiadau yn eu breuddwydion. Un noson, mi freuddwydiodd ffrind i mi o'r enw Tim ei fod o wedi ennill ffortiwn ar y ceffylau. Y bore wedyn mi roddodd o ddeg punt ar Tiny Tim oedd yn rhedeg yn Towcester. Dyma'r ras yn dechrau, a dyma Tiny Tim. . .yn syrthio wrth y ffens gyntaf. Dyna fel mae hi! Dydy breuddwydion ddim bob amser yn dod yn wir.

WNAETHOCH CHI DDEALL?

- Ym mha ffordd mae'r awdur a'i wraig yn wahanol i'w gilydd?
- Pa fath o bethau mae'r awdur yn eu gwneud wrth gysgu?
- Ydy o'n gwybod am unrhyw freuddwyd sy wedi dod yn wir?

SGWRSIO

- Sut ydych chi am godi yn y bore? Beth am aelodau eraill y teulu?
- Oes 'na rywun yn y teulu'n chwyrnu? Oes 'na rywun yn siarad neu'n cerdded yn ei gwsg?
- Ydych chi'n cofio eich breuddwydion fel arfer? Oes 'na unrhyw freuddwyd wedi dod yn wir?
- Ydych chi wedi breuddwydio yn Gymraeg o gwbl?

Y COF

GEIRFA

heb sôn am	let alone
ymddwyn	to behave
oes	age
dychymyg	imagination
adloniant	entertainment
sothach	rubbish
yn hytrach na	rather than
defnyddiol	useful
rhestr	list
ffeithiau	facts
adolygu	to revise
cerddi	poems
beirdd	poets
rheolaeth	control
manylion	details
rhyfedd	strange
argraff	impression
ymennydd	brain
darn	piece

Maen nhw'n dweud bod y tywydd bob amser yn braf ers talwm. Ydy hynny'n wir, neu dim ond rhamanteiddio mae pobl? Wel, peidiwch â gofyn i *mi*: dw i ddim yn cofio sut roedd y tywydd ddoe heb sôn am sut roedd hi ers talwm.

Maen nhw'n dweud hefyd bod plant ysgol yn ymddwyn yn llawer gwell ers talwm nag y maen nhw heddiw. Ydy hynny'n wir, neu dim ond wedi mynd yn hŷn mae'r bobl sy'n cwyno? Wel, peidiwch â gofyn i *mi*: yr unig beth dw i'n ei gofio'n glir o fy nyddiau ysgol ydy'r daith yno ac yn ôl ar fws Bob Edwards, Llandegla. Mae popeth oedd yn digwydd rhwng cyrraedd a gadael yr ysgol yn un niwl tew, llwyd.

Maen nhw hefyd yn dweud bod pobl oes y teledu'n ddiog a diddychymyg, tra bod pobl ers talwm yn mwynhau creu eu hadloniant eu hunain. Ydy hynny'n wir, neu tybed oedd pobl ers talwm yn diflasu weithiau ac yn gofyn 'Oes rhaid i ni sefyll o gwmpas y piano i ganu *eto* heno?' Wel, peidiwch â gofyn i *mi*: dw i'n cael trafferth weithiau i gofio ble bues i'n chwilio am adloniant y noson cynt!

Ac eto, mae 'na lawer o bobl wedi dweud bod gen i gof ardderchog. (Fedra i ddim cofio ar y funud pwy yn hollol sy wedi dweud hynny, ond mae 'na lawer wedi dweud.) Ond maen nhw'n siarad sothach. . .

Mae'n wir bod gen i gof da am enwau pobl, ond mae cofio wynebau'n llawer mwy anodd. Y brif broblem, efallai, ydy fy mod i'n cofio beth mae pobl yn ei wisgo yn hytrach na'u hwynebau nhw. Yn anffodus (wel, na, yn ffodus, a dweud y gwir), mae pobl yn newid eu dillad weithiau!

Mae'n wir dweud hefyd bod gen i gof defnyddiol ar gyfer pasio arholiadau. Mi fedra i ddysgu rhestri ar ôl rhestri o ffeithiau. Ond cof tymor-byr ydy o, felly mae adolygu munud-ola y noson cynt ac ar fore'r arholiad yn hollbwysig. Ond hyd yn oed heddiw, dw i'n dal i gofio rhifau'r cerddi allan o'r llyfr *Cerddi Diweddar Cymru* roedd rhaid i ni eu hastudio ar gyfer Lefel O Cymraeg. Fedra i ddim cofio dim byd am themâu'r cerddi na chrefft y beirdd, ond mi fedra i gofio rhifau'r cerddi'n berffaith! Ddylai pobl fel fi basio arholiadau, dwedwch?

Er bod gen i gof tymor-byr eitha da, mae fy nghof tymor-hir yn anobeithiol. Dw i'n gwybod am rywun sy'n cofio syrthio allan o'i got ac un arall sy'n cofio edrych allan o'i bram. Dw i ddim yn cofio dim byd yn glir cyn dechrau'r ysgol a mynd ar fws Bob Edwards am y tro cyntaf. Ia, am yr ysgol *uwchradd* dw i'n sôn cofiwch. Roeddwn i'n un ar ddeg oed erbyn hynny! Dw i ddim yn cofio dim byd o gwbl am fy amser yn yr ysgol gynradd.

Gan Mam mae cof tymor-hir arbennig. Mi fydd hi'n cofio ar ba ddydd o'r wythnos aethon ni i rywle yn 1963, ei bod hi'n braf yn y bore, ond yn bwrw yn y prynhawn, ein bod ni wedi cael brechdanau caws a thomato, a 'mod i'n gwisgo'r trowsus byr glas ges i ar fy mhen blwydd gan fy Anti Nansi. . .

Roedd gan fy nain, mam fy nhad, gof hollol arbennig hefyd tan oedd hi'n bell dros ei naw deg. Yn drist iawn, yn ystod ei blwyddyn olaf, mi gollodd hi reolaeth ar ei chof. Roedd hi'n dal i gofio manylion am ei phlentyndod yn hollol glir, ond pan fyddai fy nhad (Dafydd) yn mynd i'w gweld hi, mi fyddai hi'n dweud yn sydyn ar ganol sgwrs –

'Dw i ddim wedi gweld Dafydd ers talwm, wyt ti'n gwybod rhywbeth o'i hanes o?' Peth rhyfedd ydy'r cof.

Ia, peth rhyfedd ydy'r cof. Roedd Mam bob amser yn dweud bod gen i gof arbennig o ryfedd, beth bynnag. Doedd dysgu theorem Pythagoras ddim yn ormod o broblem, ond mi fuodd cofio galw am y bara ar fy ffordd adre o'r ysgol yn dasg amhosib i mi ar hyd y blynyddoedd!

Wrth gwrs, erbyn heddiw, mae cofio unrhyw beth wedi mynd yn dipyn o dasg. Mae fy nghof i'n mynd o ddrwg i waeth wrth i mi fynd yn hŷn, ac mae miliwn arall o gelloedd fy ymennydd wedi marw ers i mi ddechrau ysgrifennu'r darn yma.

Pa ddarn?

WNAETHOCH CHI DDEALL?

- Pa fath o bethau mae pobl yn eu dweud am yr 'hen ddyddiau'?
- Faint mae'r awdur yn ei gofio am yr 'hen ddyddiau'?
- Pa fath o bethau mae'r awdur yn medru eu cofio'n dda?
- Beth ydy'r peth cyntaf mae o'n ei gofio?
- Pwy yn y teulu sy/oedd â'r cof gorau?

SGWRSIO

- Pa fath o bethau dych chi
  (a) yn eu cofio'n hawdd?
  (b) yn cael trafferth i'w cofio?
- Ydych chi'n un da am gofio enwau a wynebau pobl?
- Ydych chi'n teimlo bod eich cof chi'n gwella neu'n mynd yn waeth?
- Faint dych chi'n ei gofio
  (a) o'ch plentyndod cynnar?
  (b) o'ch dyddiau ysgol?
- Ydych chi'n cofio beth oedd y gair Cymraeg cyntaf ddysgoch chi?
- Ydych chi'n nabod rhywun sy â chof arbennig?
- Ydy hi'n wir
  (a) bod y tywydd yn brafiach ers talwm?
  (b) bod plant yn ymddwyn yn well ers talwm?
  (c) bod pobl yn gwybod yn well sut i fwynhau eu hunain ers talwm?

GWYLIAU

G E I R F A

gogr	sieve
digonedd	plenty
gweithgareddau	activities
eang	wide, extensive
adloniant	entertainment
sgwrsio	to chat
cyfri	to count
torheulo	to sunbathe
ymddangos	to appear
golygfeydd	views
copa	summit
amynedd	patience
gorwedd	to lie down
llusgo	to drag
taith	trip, journey
amheus	suspicious
cynt	previous
tramor	overseas, foreign
clwt	nappy
cyfleusterau	facilities
delfrydol	ideal
treulio	to spend

'Pryd dan ni'n mynd i gael gwyliau?' ydy cwestiwn cyntaf fy ngwraig bob bore.

'Wel, mae'n anodd ar hyn o bryd. . .'

'Rwyt ti'n wyrcaholic.'

'Paid â siarad lol. Y broblem ydy bod 'na gwrs arbennig. . .'

'Blydi dysgwyr!'

Am ryw reswm mae fy ngwraig yn meddwl nad ydw i byth yn cymryd gwyliau. Ond beth am y pythefnos o wyliau ges i yn 1979, cariad? A'r wythnos yn 1982? Mae gan fy ngwraig gof fel gogr.

Hefyd, wrth gwrs, fel pob Yuppie Cymraeg gwerth ei halen, dyn ni'n treulio wythnos o wyliau bob blwyddyn yn yr Eisteddfod Genedlaethol. Mae bob amser yn brofiad diddorol a phleserus – ymweld ag ardal newydd, digonedd o weithgareddau i'r plant, dewis eang o adloniant gyda'r nos a llawer o hen ffrindiau i sgwrsio efo nhw. Ond dydy fy ngwraig ddim yn cyfri'r Eisteddfod fel gwyliau – dydy hi ddim yn hoff o dorheulo mewn esgidiau glaw ac mae 'na b. . .dysgwyr yn ymddangos o rywle bob munud.

Beth am wyliau 1979, 'te? Gwyliau ardderchog oedd y rhai yn y Swistir, yn ardal Interlaken. Roedd y tywydd yn heulog a'r golygfeydd yn fendigedig: dŵr pob llyn yn las, las, a chopa pob mynydd yn wyn, wyn. Does gen i ddim amynedd o gwbl i orwedd yn yr haul drwy'r dydd pan ydw i ar wyliau, felly mi lusgais i fy ngwraig (sy'n mwynhau torheulo) ar gwch i Spiez, ar drên i'r Jungfrau, ar chair-lift o Grindlwald, ar cable-car i'r Schilthorn (a cherdded milltiroedd rhwng pob taith wrth gwrs). Wrth eistedd i gael diod ar ben y Schilthorn, mi ddwedodd fy ngwraig, 'Mae fy mhen i'n troi'. Doedd hi ddim yn gwybod bod y tŷ bwyta'n troi hefyd! Doedd hi ddim yn gwybod chwaith bod y person wrth y bwrdd nesa wedi clywed beth ddwedodd hi. 'Cymraeg dych chi'n siarad?' meddai fo. 'Ie,' atebodd fy ngwraig yn amheus. 'Wel, wel! Dw i wedi dysgu tipyn bach o Gymraeg ar y cwrs yn Aberystwyth. . .'

Roedd gwyliau 1982 yn ardderchog hefyd. Annecy, yn yr Alpau Ffrengig, oedd y ganolfan y tro hwn. Mi gawson ni dywydd ardderchog eto ac roedd 'na ddigonedd o fynyddoedd a llynnoedd, cychod, trenau, chair-lifts a *cable-cars* i fy nghadw i (a fy ngwraig, wrth gwrs) yn hapus. Ond wnewch chi ddim credu pwy welson ni yng ngorsaf Victoria – dwy ddysgwraig oedd wedi bod mewn dosbarth efo fi y flwyddyn cynt! Y tro nesaf gwelson ni nhw roedden nhw'n gorwedd mewn *couchette* ar y trên yn Calais, yn *yr un compartment* â fy ngwraig a fi!

Yn 1983, mi gyrhaeddodd ein plentyn cyntaf. Dw i'n nabod llawer o bobl sy'n mwynhau mynd dramor efo plant bach ond dydy'r syniad ddim yn apelio ata i o gwbl. Clwt ydy clwt, ble bynnag dych chi'n ei newid o! Ers cael plant, dyn ni wedi treulio pob gwyliau yn nhŷ Nain a Taid, y ganolfan wyliau orau yn y byd efo cyfleusterau gwarchod plant, bwydo plant, newid plant, golchi plant, codi yng nghanol y nos efo plant. . .Delfrydol!

Er nad ydyn ni wedi bod i ffwrdd fel teulu ers blynyddoedd rŵan, dw i'n dal i gael gwyliau ar fy mhen fy hun bob blwyddyn. Bob haf, mi fydda i'n treulio pythefnos yn Llanbedr Pont Steffan. Dim ffôn, dim gwaith papur, dim plant, dim llestri – chwarae sboncen bob prynhawn, allan i'r dafarn bob

nos. Perffaith! Rhaid i mi ddysgu dosbarth am saith awr bob dydd, ond mater bach ydy hwnnw. Gwyliau ydy Cwrs Cymraeg Llanbedr i mi.

Wyrcaholic? Fi? Byth!

CAS BETHAU

G E I R F A

goddefgar	tolerant
anoddefgar	intolerant
dymunol	pleasant
tymer	temper
dod ymlaen	to get along
croen	skin
hynny yw (h.y.)	that is (i.e.)
erbyn meddwl	come to think of it
dioddef	to tolerate, to stand
crafu	to scratch
neidr (nadroedd)	snake(s)
llygod	mice
pryfed cop	spiders
gwneud môr a mynydd	to exaggerate, to make a mountain out of a molehill
llongyfarch	to congratulate
cyrn	horns
brenhinol	royal
golygu	to mean
croes-ddweud	to contradict

Goddefgar, rhesymol a dymunol: dyna'r tri gair gora i ddisgrifio fy mhersonoliaeth i. Dw i'n berson hawdd iawn fy mhlesio. Dw i byth yn colli fy nhymer. Dw i'n dod ymlaen yn iawn efo pobl o bob math. Dw i'n hoffi pawb a phopeth. *Taurus* ydw i, dych chi'n gweld, ac maen nhw'n dweud bod natur oddefgar, resymol a dymunol gan bob Tarw.

Wedi dweud hynny, rhaid i mi ddweud bod 'na un neu ddau o bethau bach sy'n mynd dan fy nghroen i. Un peth dw i'n ei gasáu'n arbennig ydy pobl sy'n meddwl eu bod nhw'n berffaith (hynny yw, yn oddefgar, rhesymol, dymunol, ac ati). Peth arall sy'n gas gen i ydy pobl sy'n credu yn y 'sêr'.

Erbyn meddwl, mae 'na ddau neu dri o bethau bach eraill sy'n mynd ar fy nerfau i. Dyma gatalog byr o rai o'r pethau fedra i mo'u dioddef:
1) Pwdin reis tew basech chi'n medru pastio papur wal efo fo.
2) Sŵn cyllell yn torri bara (sŵn llawer gwaeth na sialc yn crafu bwrdd du).
3) Llygod. Dydy pryfed cop na nadroedd ddim yn fy mhoeni i, ond fedra i ddim dioddef llygod. Pan oeddwn i'n hogyn bach, mae'n debyg, mi wisgais i fy esgidiau glaw un bore a theimlo llygoden fach yn symud o dan fy nhroed chwith. Efallai mai dyna pam!
4) Sefyll mewn ciw.
5) Pobl sy'n smocio wrth y bwrdd bwyd.
6) Pobl sy'n smocio yn fy swyddfa i.
7) Pobl sy'n smocio.
8) Pobl sy'n meddwl bod pres yn fwy pwysig na phobl.
9) Pobl sy'n meddwl bod anifeiliaid yn fwy pwysig na phobl.
10) Pobl sy ddim yn cadw at eu gair.
11) Dysgwyr
a) sy'n dweud 'Great, we can speak English now' ar ôl y dosbarth;
b) sy'n dweud wrtha i *yn Saesneg* eu bod nhw byth yn cael cyfle i ymarfer eu Cymraeg;
c) sy'n gwneud môr a mynydd o'r treigladau.
12) Cymry Cymraeg
a) sy'n siarad Saesneg efo'i gilydd;
b) sy'n siarad Saesneg efo'u plant;
c) sy'n siarad Saesneg efo dysgwyr;
ch) sy'n llongyfarch dysgwyr *yn Saesneg* am ddysgu Cymraeg mor dda;
d) sy'n gofyn y cwestiwn 'Pam dych chi'n dysgu Cymraeg?' i bob dysgwr

maen nhw'n ei gyfarfod. Fasai Ffrancwr byth yn gofyn i rywun sy'n byw yn Ffrainc 'Pam dych chi'n dysgu Ffrangeg?'

dd) sy'n gwneud môr a mynydd o'r gwahaniaeth rhwng iaith y Gogledd a iaith y De.

13) Siopwyr (ar Ynys Môn) sy'n edrych arna i fel tasai gen i gyrn pan dw i'n siarad Cymraeg.

14) Siopwyr sy'n edrych arna i fel taswn i'n griminal pan dw i'n ysgrifennu siec yn Gymraeg. (Dim ond yng Nghymru dw i'n cael y drafferth yma. Chododd y broblem ddim o gwbl pan ysgrifennais i sieciau Cymraeg yn Ffrainc ac yn yr Almaen.)

15) Ruth Madoc.

16) Pobl sy'n meddwl bod pawb yng Nghymru fel Ruth Madoc.

17) Storïau gwirion am y teulu brenhinol ar y newyddion.

18) Pobl sy'n mwynhau'r storïau gwirion am y teulu brenhinol ar y newyddion.

19) Fests *Marks and Spencer*.

20) Pobl sy'n dweud 'dau neu dri' pan maen nhw'n golygu ugain.

Mae 'na un peth arall sy'n mynd ar fy nerfau i hefyd. Fedra i ddim dioddef pobl anoddefgar.

WNAETHOCH CHI DDEALL?

- Enwch rai o gas bethau'r awdur.
- Ym mha ffordd mae'r awdur yn croes-ddweud ei hun sawl gwaith yn y darn yma?

SGWRSIO

- Ydych chi'n berson hawdd neu anodd eich plesio? Ydych chi'n colli eich tymer yn aml?
- Pa fath o bethau/Pa fath o bobl sy'n mynd ar eich nerfau chi?
- Oes arnoch chi ofn llygod/nadroedd/pryfed cop/neu rywbeth tebyg?
- Oes 'na ryw sŵn sy'n mynd trwyddoch chi?
- Oes 'na rywbeth sy'n mynd ar eich nerfau chi ym maes dysgu Cymraeg?
- Ydych chi'n credu yn y 'sêr'? Beth ydy eich arwydd chi? Sut bersonoliaeth sy gan bobl sy wedi cael eu geni dan yr arwydd hwnnw?

LWC

Dydd Gwener y trydydd ar ddeg, cathod du, drych yn torri, halen dros ysgwydd: hen lol gwirion ydy'r ofergoelion yma i gyd yn fy marn i. A beth am gerdded o dan ysgol? Peth peryglus iawn i'w wneud, medden nhw. Ond *o dan* ysgol bydda i'n cerdded bob tro a does dim byd ofnadwy wedi digwydd i mi eto. Ond wna i byth anghofio'r bore hwnnw pan benderfynais i, am ryw reswm gwirion, fy mod i'n mynd i gerdded *o gwmpas* ysgol y tu allan i siop ddillad ym Mhontypridd. Mi faglais i dros droed yr ysgol, mi drodd y peintiwr yn sydyn i weiddi arna i ac mi ddisgynnodd potiaid mawr o baent – SBLAT – ar ganol y pafin gan dasgu paent melyn drosta i, dros gar du oedd wedi parcio ar ochr y stryd a dros y dillad ar y rheilen fargeinion y tu allan i'r siop . . . Mae'n llawer saffach cerdded *o dan* ysgol, credwch chi fi.

Hen lol gwirion ydy'r ofergoelion yma, felly. Dw i ddim yn credu ynddyn nhw o gwbl, ac eto dw i wedi bod yn arbennig o lwcus trwy fy mywyd: wedi cael plentyndod hapus, iechyd da, gwaith diddorol, gwraig ardderchog, plant iach a hapus. (Esgusodwch fi am funud, dw i'n meddwl fy mod i'n mynd i grio. . .)

Dw i wedi bod yn lwcus o dro i dro efo pethau llai pwysig hefyd. Dw i wedi ennill punt neu ddwy yma ac acw mewn Clwb Cant a gan Ernie, ac unwaith mi enillais i'r ail wobr mewn raffl fawr – 75 o gywion ieir un diwrnod oed! Diolch byth nad enillais i'r wobr gyntaf: 150 o gywion ieir un diwrnod oed! Dw i ddim yn gamblwr mawr, cofiwch, ond mi fues i'n betio ar y ceffylau am wythnos neu ddwy tua deng mlynedd yn ôl. Mi ddaeth dysgwr i'r dosbarth efo 'system' oedd yn gweithio'n berffaith, meddai fo, ac mi ddechreuais i, a'r ysgrifenyddes, a hyd yn oed y bòs (dyn parchus iawn a chapelwr mawr: mi fasai ei wraig o'n ei ladd o tasai hi'n gwybod) fynd at y bwci efo'r dysgwr. Y diwrnod cynta mi enillon ni £34 a'r tri ohonon ni'n dechrau gweld Jaguars ac Acapulco ar y gorwel. Yr ail ddiwrnod mi enillon ni £11. Y trydydd diwrnod mi enillon ni £4. Y pedwerydd diwrnod mi ddechreuon ni golli pres ac mi ddisgynnodd niwl sydyn dros y gorwel. . .

Yn Salt Lake City ces i'r lwc mwya, mae'n debyg. Roeddwn i ar fy ffordd o Vancouver i Montréal ar ôl treulio mis yn teithio ar draws Canada. Roedd gen i chwe diwrnod ar ôl cyn hedfan adre, felly roeddwn i wedi penderfynu teithio'n ôl ar draws America ar y Greyhound gan gysgu ar y bws bob nos ac ymweld â lleoedd diddorol yn ystod y dydd. Mi wariais i fy mhres i gyd bron i dalu am y tocyn bws gan adael dim ond ychydig ddoleri i brynu bwyd. Beth bynnag, ar ôl treulio diwrnod yn Salt Lake City, mi ddes i'n ôl i'r orsaf fysiau gyda'r nos i fynd ymlaen efo'r siwrnai. Ond pan agorais i fy waled, doedd fy nhocyn bws ddim yno. PANIG! Beth bynnag, yn y diwedd, mi gofiais i beth oedd wedi digwydd. Roeddwn i wedi ffonio'r Bwrdd Croeso yn y bore, wedi ysgrifennu eu rhif nhw ar yr unig ddarn o bapur oedd gen i ac wedi gadael y darn papur hwnnw yn y ciosg! Wnewch chi ddim credu hyn ond pan es i i'r swyddfa docynnau y noson honno i ddweud fy stori bathetig, mi ddwedodd y clerc, 'O ia, dyma fo – tocyn sengl i Montréal efo rhif ffôn y Bwrdd Croeso ar ei gefn o. *Have a nice day!'*

Wnewch chi ddim credu hyn chwaith – y dyddiad oedd y trydydd ar ddeg o Fehefin.

WNAETHOCH CHI DDEALL?

- Ydy'r awdur yn berson ofergoelus?
- Ydy o wedi bod yn lwcus efo raffl/Ernie/ceffylau?
- Beth ddigwyddodd yn Salt Lake City?

SGWRSIO

- Fasech chi'n eich galw eich hun yn berson lwcus neu'n berson anlwcus?
- Ydych chi'n berson ofergoelus? Ym mha ofergoelion dych chi'n credu?
- Ydych chi wedi ennill gwobr mewn raffl neu ar y *Premium Bonds* erioed?
- Ydych chi'n betio ar y ceffylau neu gêmau pêl-droed weithiau?
- Ydych chi'n cofio rhyw dro pan fuoch chi'n arbennig o lwcus?

YR ALBWM LLUNIAU

G E I R F A

ambell	occasional, odd
canrif	century
llym	severe
ymfudo	to emigrate
byddin	army
diniwed	innocent, naive
lifrai	uniform
osgo	bearing
twt	tidy
awyrgylch	atmosphere
oedolion	adults
blêr	untidy
dewr	brave
taro	to strike
llachar	glaring
llydan	wide
egni	energy
camp	sport, feat
parchus	respectable
gwas priodas	best man
saethu	to shoot
rhewi	to freeze
cenllysg	hail
arfer	custom
preswyl	residential
blewog	hairy
tudalen	page
diflannu	to disappear
atgofion	memories
golygfeydd	views

Ambell hen lun sy ar ddechrau'r albwm. Teulu fy nain pan oedd hi'n blentyn bach ar ddechrau'r ganrif, a'i rhieni hi'n edrych yn llym ar y camera. Lluniau wedyn o fy nain a'i chwaer yn ferched ifanc smart a soffistigedig yn y dauddegau. Hwn oedd y llun ola o chwaer fy nain cyn iddi hi ymfudo i Ganada. Welodd y ddwy mo'i gilydd byth wedyn.

Llun wedyn o fy nhad ar ei ffordd i'r fyddin am y tro cynta. Mae o'n edrych mor ifanc a diniwed yn ei lifrai, fel hogyn bach yn chwarae sowldiwrs. Ond erbyn y llun nesa, mae ganddo fo sigarét yn ei geg a llawer mwy o swagr yn ei osgo.

Mae gen i lun wedyn o briodas fy rhieni, a'r ddau eto'n edrych yn ofnadwy o ifanc a diniwed. Yn sicr, roedden nhw'n llawer rhy ifanc i benderfynu byw efo'i gilydd am 30 mlynedd a mwy! Ond erbyn y llun nesa, rydw i wedi cyrraedd, a dydy'r ddau ddim yn edrych hanner mor ifanc a diniwed erbyn hynny.

Lluniau ysgol sy'n dod wedyn, a phawb yn edrych yn lân a thwt ac yn dweud 'Pys' yn ddel. Ond o gwmpas 14 oed, mae 'na newid dramatig yn yr awyrgylch. Dydy

oedolion ifanc ddim eisiau gwastraffu eu hamser efo rhyw luniau dosbarth gwirion. Mae pawb yn edrych yn flêr ac yn dweud 'Pys Off'. Dim ond un person – yr athro – sy'n gwenu'n ddewr trwy'r cwbl.

Erbyn y lluniau nesa, dw i wedi cyrraedd y coleg ac wedi dechrau cael partïon gwyllt yn f'ystafell. Beth sy'n eich taro chi'n syth ydy'r lliwiau llachar, y trowsus piws llydan, y crys 'Taid' oren, yr esgidiau platfform du a gwyn. (Oedden, roedd ffilmiau lliw wedi cyrraedd erbyn hynny!)

Mae 'na luniau o Marian yn y partïon cynta hefyd, yn llawn egni a hwyl. Ond erbyn yr ail flwyddyn, dydy Marian ddim yna. Mi gafodd hi ei lladd yn ystod gwyliau'r haf, yn gwneud y gamp roedd hi'n ei mwynhau fwya, sef neidio efo parasiwt.

Yn y lluniau nesa, mae'r bobl wyllt oedd yn y partïon yn sydyn wedi troi'n hollol barchus. Un ar ôl y llall yn priodi. Ac yna fi fy hun yn syrthio i'r un trap! Yn y llun ohonof i a'r gwas priodas ar y ffordd i mewn i'r capel, dyn ni'n edrych fel ein bod ni ar fin cael ein saethu. Ond erbyn diwedd y seremoni, mae pawb yn edrych yn ddigon hapus, er eu bod nhw i gyd yn rhewi yng ngwynt, glaw a chenllysg canol Mehefin.

Ambell lun o'r gwaith sy'n dod wedyn. Rhan anffodus o'r broses o ddysgu Cymraeg ydy'r arfer o berfformio rhyw sgetsys gwirion ar gyrsiau preswyl. Mae gen i sawl llun o ddysgwyr parchus wedi'u gwisgo fel babanod, merched ysgol a choed Nadolig. Ond efallai mai'r llun gorau ydy hwnnw o Cefin Campbell a finnau'n gwneud y ddawns flodau mewn seremoni goroni. Mae coesau blewog Cefin yn werth eu gweld!

Yn sydyn, mae ein plentyn cynta ni'n cyrraedd ac mae'r camera'n mynd yn hollol wyllt. Mae 'na lun o Meinir yn un diwrnod oed, yn ddau ddiwrnod oed, yn dri diwrnod oed. . .Dyma Meinir efo Nain. Dyma Meinir efo Taid. Dyma Meinir efo Nain a Taid. Dyma Meinir yn rhoi ei bys yn ei chlust. . .

Mae 'na un lle gwag yn yr albwm hefyd. Pan oedd Meinir yn fach, roedd ganddi hi *dair* Hen Nain. Felly dyma ni'n penderfynu cael y tair Hen Nain at ei gilydd i dynnu lluniau. Roedd hi'n brynhawn hyfryd a'r tair Hen Nain wrth eu bodd yn eistedd allan yn yr ardd efo Meinir

ar gyfer y sesiwn ffotograffig. Ar ôl mynd adre, mi dynnais i un neu ddau o luniau gwirion i orffen y ffilm ond yna, pan agorais i'r camera, mi ges i sioc – doedd y ffilm ddim wedi dechrau troi o gwbl! Mi aeth un o'r neiniau yn sâl yn fuan wedyn ac roedd y cyfle i gael llun o'r tair nain efo'i gilydd wedi mynd am byth.

Erbyn i Geraint, yr ail blentyn, gyrraedd, roedden ni wedi mynd yn llawer mwy *blasé*. Mae Geraint yn neidio allan o'i bram ac yn dechrau cerdded mewn llai na dwy dudalen. Mi fydd Iwan, y trydydd, wedi dechrau siafio cyn i ni droi'r dudalen gynta!

Mae 'na luniau o'n ffrindiau efo'u babis erbyn hyn hefyd. Os oedden nhw'n 'lliwgar' yn y coleg ac yn 'barchus' yn priodi, 'blinedig' ydy'r gair gorau i'w disgrifio nhw rŵan. Mae 'na ddigon o luniau o bartïon o hyd, ond ar jeli coch a theisennau pen blwydd *Thunderbirds* mae'r ffocws erbyn hyn.

Arhoswch am funud. Teisen ben blwydd *Thunderbirds*, ddwedais i? Dw i'n siŵr bod 'na hen lun yn rhywle ohonof fi'n chwarae *Thunderbirds*. Wel, wel, efallai nad ydy pethau wedi newid cymaint â hynny wedi'r cwbl!

ISBN 1 872705 1 1

Argraffiad cyntaf: 1994

(h) Y Lolfa/Elwyn Hughes

Comisiynwyd y gyfres hon gan
y Cyngor Llyfrau Cymraeg.

Dymuna'r cyhoeddwyr gydnabod
cymorth Adrannau'r Cyngor Llyfrau
Cymraeg.

Cynllun y clawr: Elgan Davies
Cartwnau: Alan Jones

Cyhoeddwyd gan
Y Lolfa Cyf., Talybont,
Ceredigion SY24 5HE;

ffôn (0970) 832 304,
ffacs 832 782.